R. P. Jean Emmanuel BARAGNON

SYMBOLISME DE L'APPARITION DE LOURDES

PARIS-VIe
PIERRE TÉQUI, LIBRAIRE-ÉDITEUR
82, RUE BONAPARTE, 82

1929

SYMBOLISME
DE
L'APPARITION DE LOURDES

JE SUIS L'IMMACULÉE CONCEPTION

R. P. Jean Emmanuel BARAGNON
des Frères Prêcheurs
Prédicateur général

SYMBOLISME DE L'APPARITION DE LOURDES

PARIS-VIe
PIERRE TÉQUI, LIBRAIRE-ÉDITEUR
82, RUE BONAPARTE, 82

1928

NIHIL OBSTAT :

Fr. Timothée RICHARD,
S. th. Lect.

NIHIL OBSTAT :

M. J. FOUQUET, *S. Th. Lect.*
Angers, 11 février 1928.

IMPRIMI POTEST :

Régis GEREST, O. P.
Prior Prov.
22 février 1928.

AVANT-PROPOS

Petra autem erat Christus.

La vraie Roche de Lourdes, c'est le Christ.

Le fait divin de Lourdes relève de la plus haute et de la plus véridique histoire ; de celle que ni le passé sous silence du vrai, ni l'affirmation du faux ne corrompent et ne disqualifient ; de celle qui, pour se documenter au livre secret des âmes, dans le huis clos des consciences, ne s'extériorise et ne se contrôle pas moins avec certitude : l'Histoire divino-humaine de l'Eglise.

Aussi bien toutes les pages qui vont suivre présupposeront-elles indestructiblement fondé en vérité et irréfutablement prouvé ce fait marial sans précédent.

Après la primordiale et majeure autorité canonique, des maîtres écrivains de la première heure ou de nos jours l'ont passé au crible d'un examen éclairé et d'une critique loyale. Et tout ce qu'ils en ont dit se résumerait en substance en ces deux cris : *Digitus Dei est hic* (*Exod.*, VIII-19.) le doigt de Dieu est là ! *Ave, gratia plena !* Salut, pleine de grâce, car vous y êtes aussi !

Nous pouvons donc nous proposer, en ce livre destiné à la masse des fidèles, d'étudier en détail la Vierge des Apparitions dans son attitude, ses gestes et même sa mise céleste et d'en expliquer les authentiques paroles.

Ainsi, toutes proportions gardées entre le Christ et sa Mère, le présent ouvrage se présenterait-il comme une œuvre symétrique de l'étude détaillée que nous avons faite et offerte à nos frères dans le sacerdoce, du Crucifix (1).

Peu importe que, nous d'abord pour écrire, puis que d'autres pour lire, nous ne puissions saisir ici qu'un reflet et n'y percevoir qu'un écho ! L'un et l'autre proviennent d'une vivante et parlante réalité qu'indubitablement Bernadette vit, entendit et dont elle s'affirma et se prouva le témoin.

Car, à Lourdes, la Vierge Marie apparut et discourut vraiment dans l'attitude d'une idéale statue que Dieu, suprême artiste, eut ciselée dans le marbre immatériel des cieux.

Son pied virginal, son corps ressuscité et, en

(1) *Le Crucifix.* Retraite sacerdotale. Lethielleux.

quelque manière spiritualisé — *surget spiritale* (I, *Cor.*, xv, 44.) — avaient pour piédestal une roche aride et nue. Celle-ci supportait, sans fléchir ni frémir, l'incommensurable poids de béatitude et de gloire, de beauté, de bonté, de puissance que présupposent ces titres : *Mère de Dieu et des hommes ! Reine conçue sans péché ! Reine des anges, de tous les saints et de la paix ! Souveraine du paradis !*

Or serait-ce au hasard que Notre Dame de Lourdes aurait choisi, et jusqu'à dix-huit fois, pour point d'appui ce rocher, qui plus est, dérisoirement orné, humainement parlant, d'un églantier sauvage ?

Non, sans doute ! Car tout, dans le cadre matériel de ses apparitions devait être susceptible d'un symbolisme apte à nous instruire et nous édifier.

Qu'il nous soit permis de justifier cette pensée dans cet Avant-propos !

Ainsi prouverons-nous — et c'est essentiel — que ce livre, de la première à la dernière de ses lignes, et qu'avant lui le mystère intégral de Lourdes, avec l'ensemble et le détail de ses apparitions, de ses miracles, de ses enseignements, de ses grâces, s'appuient comme sur une base nécessaire et indestructible, sur ce roc angulaire, sur cette pierre sacrée le Christ, auteur et consommateur de notre foi, unique Prêcheur et

Sauveur des hommes. *Petra autem erat Christus*. (*I Cor.*, x, 4).

L'Ancien et le Nouveau Testaments nous offrent dans leur vaste champ la vision de pierres mémorables se dressant à nos yeux, soit comme un monument prophétique, soit comme un monument historique.

Or, sur ces rocs où, sans les entamer, les siècles glissent un à un, ce mot unique se trouve ineffaçablement gravé : *le Christ*.

Mot unique, mais contenant la substance et ayant la portée de tous les livres où se raconte l'histoire du salut de l'humanité, œuvre géante décrétée par l'amour de Dieu et fécondée par la mort de l'Homme-Dieu.

Veut-on un trait prophétique ? Le voici ! Saint Paul témoigne que, dans le désert, les Hébreux s'abreuvaient de l'eau qui jaillissait miraculeusement d'une pierre jusque-là desséchée. Et l'Apôtre conclut : *Petra autem erat Christus !* cette pierre, c'était le Christ ! le Christ encore à venir, mais sûrement prédit ; le Christ qui s'écrierait un jour : « *Si quelqu'un a soif, qu'il vienne* à Moi *et qu'il boive ! L'eau que je lui donnerai jaillira jusqu'à la vie éternelle.* » (JEAN-VII, 37-IV, 14).

Désire-t-on un trait historique ? Le voilà ! Saint Paul déclare que la pierre angulaire de l'édifice de notre foi, le fondement obligé et irremplaçable du temple saint croissant dans le Seigneur qu'est l'Eglise (*Ephes.*, II, 20, 21, 22), c'est le même Christ Jésus : « *Fundamentum aliud nemo potest ponere praeter id quod positum est quod est Christus Jesus.* » (*I Cor.*, III, 11.)

Ceci admis, reconnaissons dans le fait de Lourdes un nouvel épisode de l'Histoire de l'Eglise.

Sans obliger notre foi à la façon d'un dogme, il l'intéresse et s'y rattache. Il se présente à nous, dans l'immense basilique chrétienne dont la base touche à la terre et la flèche pénètre les cieux, ainsi qu'une splendide chapelle absidiale consacrée à Marie et à laquelle, non moins qu'à tout l'ensemble, on ne saurait attribuer un autre fondement que celui que Dieu lui donna : à savoir, Jésus-Christ.

Sans contredit, à Lourdes, le support matériel des apparitions, le piédestal où la Vierge immaculée, vêtue de blanc, ceinturée d'azur et auréolée d'or, descendit et reposa, ce fut bien le bloc de pierre que nos yeux contemplent encore, que nos lèvres baisent et que tant de mains reconnaissantes surchargent d'ex-votos.

Mais cette pierre, c'est le Christ ! le Christ symbolisé et affirmé pour qui Marie fut conçue et créée si grande et si pure ; le Christ de qui Marie devint la Mère ; le Christ qui nous vient de Marie encore que, sans Lui, nous ne l'eussions pas eue, Elle, et à qui Marie nous conduit ; le Christ sans qui Marie n'aurait jamais été ce qu'Elle fut sur la terre, ce qu'Elle devint et demeure aux Cieux ; le Christ enfin par qui seul Marie s'explique où qu'Elle soit et apparaisse, quoi qu'Elle fasse ou dise en tant que Mère de Dieu et des hommes.

Tant il ressort clairement que Jésus est l'auteur et le consommateur de notre foi (*Hebr.*, XII, 2), qu'elle s'exerce sur Dieu, sur la Mère de Dieu, sur les choses de Dieu !

Marie ne l'ignorait pas ! Voilà pourquoi Elle illumina d'un sourire expressif de joie autant que d'amour la première de ses apparitions à Bernadette.

Elle savait que la roche Massabielle, base matérielle de sa vision radieuse, deviendrait vite le point d'appui de la foi que la voyante aurait en Elle, en sa parole et qui, par extension, s'épanouirait dans la foi en son Fils Jésus.

Aussi, toujours bienheureuse d'avoir cru (Luc, I, 45), et nullement oublieuse que la foi n'est pas un effet sans cause, une adhésion aveugle et qu'elle exige des motifs préalables, la Vierge n'interprétait pas dans le sens d'un refus de croire, les premières hésitations de Bernadette, puis ses interrogations du regard préludant à celle des lèvres : *Madame, ayez la bonté de me dire qui vous êtes !* et les aspersions d'eau bénite par lesquelles, selon le résultat obtenu, l'Enfant voulait prudemment donner au prodige la pierre de touche du diabolique ou du divin.

Oh ! quel puissant motif de crédibilité pour elle et, par ouï-dire pour nous, que Marie souriant sous les gouttes d'eau sainte ! Et comme nous comprenons qu'un jour, de l'autre côté du Gave, des voix infernales chargées de mensonge, de dépit, d'effroi et de haine, aient tenté de terroriser Bernadette et de la mettre en fuite.

C'étaient les démons en déroute s'efforçant en vain d'entraîner dans leur débâcle les faits miraculeux de Lourdes et les âmes loyales qui y croiraient sans réserve.

Eh bien ! de cet ensemble de faits générateurs de la croyance à Lourdes, le fondement fut, aux yeux de notre corps, la roche terrestre de Massabielle et aux yeux de notre foi, ce roc céleste : Jésus-Christ.

Le rocher matériel où Marie apparut maintes fois fut et reste la première pierre de la basilique construite à sa gloire. Mais il s'appuyait et repose encore lui-même sur le divin Sauveur qui nous donna sa Mère à seule fin que sa Mère nous donne à Lui.

Et ceci va communiquer aux pages suivantes, plus d'emprise sur l'esprit et le cœur des croyants en Notre Dame de Lourdes qui voudront bien les lire.

Tel est notre souhait, mieux que cela, notre espoir. Et, s'ils se réalisent, que tout le mérite et toute la gloire en remontent au Christ Jésus par sa divine Mère !

F. Jean Emmanuel Baragnon, O. P.,

Angers, 16 juin 1927,
en la Fête du T. S. Sacrement.

LES GESTES DE L'APPARITION

Symbolisme de l'Apparition de Lourdes

I

SON SALUT DE LA TÊTE ET DES BRAS

Cogitabat qualis esset ista salutatio.

(Luc, I, 29.)

Comme, jadis, la Vierge Marie saluée par l'ange annonciateur, Bernadette saluée par Notre Dame de Lourdes se demandait ce que pouvait signifier cette salutation.

La quatrième année après la définition du Dogme de l'Immaculée-Conception s'écoulait quand, le 11 février 1858, la divine et virginale Mère du Christ apparut, pour la première fois, à l'humble Enfant que les générations chrétiennes ne cesseront jamais de proclamer bienheureuse.

Cette ineffable prise de contact entre la reine du ciel et l'une des dernières, humainement parlant, des filles de la terre préludait à dix-sept autres entrevues. Et, comme il convenait, une salutation en marqua le début.

Le mystère et le charme de ce salut furent que Notre Dame de Lourdes, inclinant la tête et entr'ouvrant les bras, daigna en prendre l'initiative.

Tel fut le geste initial de l'Apparition à l'adresse de la voyante. Et celle-ci dut en être, dans une mesure égale, stupéfaite et rassurée, honorée et heureuse.

A nous d'en convenir en recherchant *la raison fondamentale et le but* de ce salut simultané :

1° DE LA TÊTE ET

2° DES BRAS

de la Vierge Marie à Bernadette.

I

Au libre signal de Dieu, l'heure radieuse et féconde de l'Annonciation sonnait.

L'archange Gabriel, vêtu de lumière, se dressait tout à coup à Nazareth, devant une Vierge fiancée à un homme de la maison de David. Il la saluait « *pleine de grâce et bénie entre toutes les femmes* ». Et, troublée, avec au front cette rougeur subite souvent révélatrice de la blancheur des âmes, la toute prochaine Mère de Dieu se disait intérieurement : quelle est cette vision ? et pourquoi cet hommage ? (LUC, I.)

Ainsi — toute différence de niveau sauve entre deux prédestinations et deux dignités inégales — ainsi fut-il, plus près de nous dans l'espace et le temps, de celle qu'on aura nommée successivement ici-bas : au pays pyrénéen, « *la petite Soubirous* » ; dans l'ombre des cloîtres, « *Sœur Marie-Bernard* » ; et devant les autels : « *Bienheureuse* » et, sans doute un jour, « *sainte Bernadette* » quand, non pas un des anges du paradis, mais leur reine lui apparut pour la première fois et lui fit, de la tête, un gracieux salut.

L'enfant avait été intimement préparée à son étonnement par la façon dont « *la Dame* » — comme elle disait — avait immédiatement annoncé sa venue. Car, tandis que, dans l'Ancien Testament, Dieu n'avait abordé le prophète Elie ni dans le fort ouragan, ni dans le tremblement de terre, ni dans le feu dévorant qui devançaient sa parole, mais dans un murmure doux et léger comme le soupir de la brise (*III, Reg.*, XIX, 11, 12), la Vierge — ô contraste ! — *Mère du bel Amour* (*Office de la Vierge*) et *Reine de la Paix* (*Litanies*), s'était fait précéder par deux coups de vent impétueux.

Cette épiphanie de grâce et de tendresse avait eu un prélude de vacarme et de violence saisissable, d'ailleurs, aux oreilles et aux yeux de Bernadette seule dont les petites compagnes, à quelques mètres d'elle, glanaient, sans rien entendre ni rien voir, des débris de bois mort.

Mais le silence et le calme s'étaient rétablis autour de la voyante.

Du creux de la grotte jaillit à ses regards une clarté dont nul pinceau humain n'eût pu saisir les teintes où se diluaient le blanc des nuages et le brillant de l'or.

C'était l'éclat avant-coureur de l'unique étoile susceptible d'avoir une aurore puisque, devant Elle, le soleil de la nature pâlirait : celle qui se personnifie en la Mère du Christ et que nous prions ainsi : *Stella matutina, ora pro nobis !* (*Litanies*) *Ave maris stella !* (*Hymne*).

Or, la Souveraine des cieux, redescendue sur terre, ne dédaigna point de saluer la première l'ignorante pauvrette dont ses faveurs répétées allaient immortaliser le nom, et, sa bouche, affirmer bientôt la céleste prédestination.

Son salut s'incorpora d'abord dans une indicible inclinaison de tête, son front se penchant dans la douce et vive lumière de ses yeux et donnant comme un élan de grâce à la courbure de sa taille.

La stupeur clouait sur place Bernadette, mais une stupeur vide de crainte à l'encontre de celle qui l'étreignait, quelques instants auparavant, sous le souffle impétueux qui, s'il avait laissé immobiles les grands arbres bordant le Gave, avait fortement secoué et presque fait crier d'inconscient effroi l'églantier sauvage cramponné aux fentes du rocher.

Oui ! plus la moindre velléité de peur en cette enfant gâtée de la Vierge Marie !

C'est qu'elle pressentait un *acte de condescendance* et bénéficiait, à son insu, *d'un hommage* dans la salutation spontanée que lui adressait un front éternellement couronné des gloires de la Maternité divine et des fleurs de la céleste félicité.

Condescendance d'abord !

On comprend qu'un roi et qu'une reine répondent par leur propre salut à celui qu'ils reçoivent de leurs sujets, s'agît-il des plus humbles et des plus pauvres.

La noblesse supérieure inhérente à une royauté possédée et exercée dignement oblige plus encore que l'autre à la stricte équité et aux simples convenances.

Il n'est ni digne ni juste ni même de bonne politique qu'une personne constituée en autorité se transforme en une impassible et muette statue de marbre quand ses subordonnés s'inclinent devant elle pour l'honorer.

Il ne lui revient pas, cependant, de prendre les devants et l'initiative d'un salut qu'elle doit rendre mais non donner la première.

Or c'est précisément ce que Notre Dame de Lourdes fit à l'égard de Bernadette quand, le 11 février 1858, Elle ouvrit la série de ses apparitions.

Siège de la Sagesse (*Litanies*), Elle n'agit pas ainsi sans motif. Une raison de condescendance d'abord la détermina à saluer de la tête l'enfant à demi pétrifiée.

Il importait, en effet, avant tout, que la Vision mît d'emblée la voyante en confiance.

Se nommer, s'identifier, expliquer, urgeaient moins, d'autant que la foi de Bernadette trouverait occasion d'exercice et source de mérites dans une expectative mêlée de mystère.

En revanche, rassurer, pacifier s'imposait au plus tôt.

D'une façon ou d'une autre, mais de manière plausible, il fallait répéter la parole du Christ : « *Nolite timere !* Ne craignez rien ! » quitte à ajouter plus tard : *Ego sum !* (JOAN, VI, 20.) C'est moi, la Mère de Dieu.

Et quoi de plus apte que ce premier et gracieux salut de la Vierge à empêcher l'effroi ou, plutôt, à le dissiper : car une peur irrésistible avait saisi l'enfant quand, après s'être dit : « Je me suis trompée ! » elle avait une seconde fois entendu le grand bruit et senti l'impétuosité du vent mystérieux précurseur de l'Apparition.

Quelle condescendance, donc, de la part de Notre Dame en cette salutation spontanée ! Bernadette témoigna de son efficacité en ces termes : « Je n'avais plus peur ! » Tant il apparaît que les âmes simples et en voie de sanctification ont de sûres intuitions grâce auxquelles elles ne se méprennent pas sur les interventions et les choses exceptionnelles de Dieu !

Mais voici mieux encore !

La royale condescendance inhérente au salut que, de la tête, Marie adressait à Bernadette se doublait d'un hommage.

Il semble, à vrai dire, qu'on ne puisse admettre ni même imaginer cela. Songez donc ! d'une part, la reine du paradis ! l'Immaculée depuis toujours et à jamais impeccable ! la Mère du divin Sauveur ! D'autre part, une indigente de la terre ! une fille deux fois miséreuse de l'humanité primitivement déchue qui gardait dans le sang, en dépit des purifications baptismales le venin de la triple concupiscence dont parle saint Jean ! (I Joan, II, 16).

Oui ! aussi gardons-nous de renverser les rôles et d'intervertir les rangs de dignité.

Soupçonnons plutôt qu'en saluant Bernadette, Marie faisait abstraction du peu, sinon du rien qu'elle était par nature et qu'Elle considérait et admirait les réalités présentes et les merveilles futures de la grâce en cette âme candide, temple authentique de Dieu.

Divinement instruite des secrets de l'avenir, la souveraine des élus reconnaissait une prédestinée de marque en cette petite fille qui ne touchait pas encore au seuil de l'adolescence et dont, désormais, la béatification est un fait accompli et la canonisation un suprême honneur espéré.

Dans cette sainte en fleur, l'hommage de la reine de tous les saints visait et atteignait le Dieu que l'Eglise chante ainsi : *tu salus sanctus !* vous seul êtes saint ! (*Gloria*) et qu'il faut rechercher, admirer, bénir en toutes les âmes en état de grâce, des moindres aux plus grandes, mais surtout en celles qu'une vocation et des secours de choix élèvent au sommet d'une sainteté, oserai-je dire officielle, au prix de leur correspondance à la volonté et aux aides divines.

Ainsi, la condescendance et l'hommage s'entrelaçaient dans le salut que Notre Dame de Lourdes adressait à Bernadette en inclinant vers elle son front immaculé et que le geste de ses bras accentuait et caractérisait encore comme il suit.

II

L'histoire véridique des apparitions rapporte et décrit ce geste à la fois mi-étendu et mi-circulaire des bras de Marie soulignant de la sorte l'inclination de son front.

Notre Dame de Lourdes ne voulut-Elle pas imiter ainsi — mais avec combien plus d'aisance et de grâce ! — la façon de saluer qu'on enseigne dans les écoles populaires chrétiennes, aux toutes petites filles mises en présence d'un visiteur de marque : geste ondulant et rythmé où la révérence se rehausse de naïve simplicité ?

Pourquoi pas ? c'était un sûr moyen, encore, de faire s'évanouir la frayeur première de l'enfant à qui, pour le même motif peut-être, la Vision, quand, plus tard, Elle passa des actes à la parole, daigna s'adresser en patois pyrénéen.

Mais, rassurer, mettre en confiance Bernadette, n'était, dans le plan de la céleste visiteuse, qu'un prélude.

L'extension et la courbure de ses bras provenaient d'une autre intention, à savoir *une intention d'attrait* et, l'attrait une fois suivi jusqu'à son terme, *une volonté de garde* et *de sauvegarde.*

Cela s'explique.

Les bras entr'ouverts largement exercent une irrésistible *puissance d'attraction.*

Les tout petits bébés en ont l'intuition et en font l'expérience. C'est au point que si leur mère esquisse ce geste devant eux, il est prudent que ce ne soit pas de trop loin. Car, demeurât-elle silencieuse, ils se précipitent vers elle comme sur une pente de nature où leur empressement s'accroît en une telle progression de vitesse qu'ils risquent de perdre l'équilibre. Un pas de plus à faire sans prise de contact, et la chute se consommerait !

Or, quelle attirance que celle des bras de cette reine des mères, la Vierge Marie ! ces bras qui bercèrent l'Enfant-Dieu et qui s'ouvrirent grandement à Lui quand Il fit ses premiers pas dans l'élan d'un amour filial sans pareil !

Notre Dame de Lourdes est également et indivisiblement Reine et Mère : Reine pour être plus puissamment Mère ; Mère pour être plus tendrement Reine ! Et le salut de ses deux bras symétriquement étendus et arrondis devait témoigner, aux yeux et au cœur de Bernadette, de sa maternelle Royauté.

Au vrai, Bernadette, en cette première entrevue, ne put identifier, à coup sûr, la Vision de la Sainte Mère de Dieu. Mais sans conclure que les deux ne faisaient qu'un, elle se sentit attirée, rassurée. La crainte ne l'avait saisie que pour l'abandonner instantanément. Et sa déclaration formelle : « je n'avais plus peur ! » prouvait qu'au cours d'une révélation et d'une extase toutes nouvelles pour elle, la joie fleurissait dans la stupeur qu'elle continuait d'éprouver. Car « stupeur » et « peur » se différencient.

C'est que l'attrait des bras de Marie, auquel l'Enfant cédait, préludait à chose meilleure et plus douce.

Les bras maternels, en effet, ne s'entr'ouvrent et n'attirent que pour, ensuite, retenir, protéger, défendre.

Garde et sauvegarde ! Voilà le mot d'ordre et la fonction des Mères au profit de leurs enfants ! C'est pourquoi quand leurs bras ont saisi leur proie d'amour, ils l'étreignent, laissant aux yeux et aux lèvres la charge de la dévorer tendrement, les yeux, de leurs regards, les lèvres de leurs baisers.

Combien vite pourtant, sans se dessaisir de leur trésor aimé, les bras maternels se desserrent pour écarter le danger, repousser l'ennemi !

Ils deviennent alors l'arme défensive des cœurs les plus jaloux, les plus intrépides, les plus souffrants qui soient : ceux que Dieu fait battre dans la poitrine des femmes, qui portèrent dans leur sein le fruit, et gardent au front la couronne de la maternité.

De ces femmes, Marie est la Reine et le modèle. Elle le devint, Elle le demeure sans cesser de l'être des vierges. Et le geste éminemment maternel de ses bras n'attira Bernadette que pour lui réserver, dans leur embrassement, toute la garde et toutes les sauvegardes opportunes.

Certes ! l'angélique enfant ne tarderait pas à en avoir besoin.

Les sceptiques, les railleurs, les jaloux et les médisants ou calomniateurs, vilaines et méchantes gens qui ne manquent et ne se taisent nulle part autour des loyaux et des bons, feraient bientôt chorus contre elle. Ils la traiteraient de « folle » et de « menteuse ». Le Diable donnerait le « la » et battrait la mesure dans le concert de leurs invectives et de leurs détractions. Ses cris de rage et ses ricanements retentiraient dans le cadre de Lourdes. Et le « crescendo » de cette musique infernale se proportionnerait au nombre des apparitions et à l'affluence croissante des foules progressivement intriguées, captivées, émues, croyantes enfin.

Le commissaire de police Jacomet, enquêterait, menacerait, agirait à la façon d'un sectaire fonctionnaire — les pires ! — Il se croirait le droit et le pouvoir d'incorporer dans ses paroles et ses actes le classique :

De par le Roi, défense à Dieu
De faire miracle en ce lieu !

Mais la Vierge Marie soutiendrait et consolerait dans l'épreuve ; inspirerait dans ses réponses vides de mensonges et des contradictions qui en sont la pierre de touche ; affermirait dans sa foi et, finalement rendrait victorieuse, l'humble et ignorante montagnarde par qui Dieu prouverait une fois de plus qu'Il choisit ce que le monde estime sottise et faiblesse pour confondre la prétendue sagesse et la force illusoire des hommes (*I Cor.*, I, 25-29.)

Telles étaient les promesses qu'apportaient à Bernadette les bras de Marie entr'ouverts pour l'attirer, puis la garder et la défendre.

Quels enseignements ne trouvons-nous donc pas dans les deux saluts fondus en un seul que la Reine des Cieux adressa, de la tête et des bras, à une fillette inconnue du monde et si chétive qu'on lui donnait à peine dix ans alors que quatorze printemps s'étaient déjà envolés sur son front sans y laisser d'autres fleurs que celles — au surplus si belles — d'une innocence absolue.

Quand Bernadette reçut cette maternelle salutation, elle s'en demanda la signification et ne dut pas rester tout à fait sans réponse.

Ainsi de nous !

Nous pouvons même, éclairés par l'accomplissement du Mystère de Lourdes et son incessante réédition dans le domaine du miracle, nous pouvons nous en dire, en ce point, plus long que la voyante.

Les prophéties sont toujours mystérieuses. Méfions-nous, à priori de celles où, d'emblée, tout paraît clair et simple !

Mais combien lumineuses sont-elles dans leur réalisation ! Les faits qui les accomplissent en fixent le sens précis et en marquent la portée.

Aussi bien savons-nous le « pourquoi », et mesurons-nous l'ampleur du salut de Marie à Bernadette.

Cette salutation atteignit directement la personne et la vie de l'Enfant prédestinée à la rédemption et à la glorification exceptionnelles dont le culte public de l'Eglise constitue la preuve.

Mais elle dépasse la personnalité de l'Elue du ciel qui la reçut.

Le salut de Notre Dame de Lourdes nous vise, nous touche, nous garde, nous protège, nous défend. Il concourt à sauver toutes les âmes où Dieu réside et agit par sa grâce. Marie s'incline devant elles, quoi qu'Elle soit leur Reine. Elle leur tend amoureusement ses bras, parce qu'Elle est leur Mère.

Soyons de ces âmes porteuses de Dieu, aujourd'hui, demain, toujours ! Nous y gagnerons, par surcroît de bonheur et d'honneur, de pouvoir saluer un jour la Vierge-Mère du Christ de moins loin que d'ici-bas !

II

SON SOURIRE

Diffusa est gratia in labus tuis.

(PSAUME XLIV.)

O Notre Dame de Lourdes, la grâce s'est épanouie sur vos lèvres dans un sourire.

Les divers récits des apparitions, celui si détaillé et tout palpitant d'émoi d'Henri Lasserre ; — celui, plus concis, préfaçant l'Histoire critique des événements de Lourdes par l'éminent professeur à l'Institut Catholique de Paris, M. Georges Bertrin ; — celui enfin, plus ancien, qui se trouve inséré dans le tome Ier des *Annales de Lourdes* publiées périodiquement dès 1868, richissime mine de renseignements pris sur le vif des personnes et des choses d'alors, ces récits, de forme et d'étendue différentes mais absolument concordants sur l'essentiel des faits, mentionnent tous que, dès sa première venue sur la roche de Massabielle, la Sainte Vierge sourit à Bernadette.

C'est que la bienheureuse Enfant, portraiturant celle qu'elle appelait : « *la Dame* » en avait dit et redit : « Elle était jeune et belle, belle surtout... Elle me regardait, me souriait, me faisait signe d'avancer sans aucune crainte. » (BERTRIN, p. 21.)

Quoi de plus authentique que cette vivante et pure source de renseignements : la voyante en personne ! Et Dieu sait si l'on en contrôla la véracité, par voie directe ou détournée !

Le droit nous appartient donc de cueillir aux lèvres de Notre Dame de Lourdes le sourire qui s'y épanouissait comme un geste de grâce. *Diffusa est gratia in labiis tuis !* Car les lèvres aimantes soulignent souvent leurs paroles d'amour de ces deux gestes : le sourire et le baiser.

La Mère de la Belle Dilection et de la Sainte Espérance (*Eccli.*, XXIV, 24) ne donna sans doute qu'en paradis à Bernadette son chaste et tendre baiser.

Mais Elle lui dispensa sur cette terre, et à plusieurs reprises, son sourire.

Pour quelles raisons initiales et finales ?

Il y a intérêt à les rechercher et du charme à les découvrir.

Dans ce double but,

1° *Faisons une brève étude psychologique du* SOURIRE *par opposition au* RIRE ;

2° *Demandons-nous ce qui* — EN MARIE *d'abord*, EN BERNADETTE *ensuite* — *détermina la Vierge à sourire à l'Enfant.*

I

En bonne psychologie qu'est-ce que le sourire en soi ? quelles peuvent en être, dans leur ensemble, les causes déterminantes ?

Faut-il voir en lui le frère jumeau ou, pour le moins, cadet du rire ? Non !

La seule chose commune entre le rire et le sourire c'est leur siège, à savoir les lèvres où l'un et l'autre se fixent pour, de là, rayonner dans les yeux par le plissement ascendant des joues et cette demi-fermeture des paupières d'où — ô mystérieux contraste ! — la lumière jaillit.

Car les yeux qui, par moments, parlent mieux que les lèvres, sourient aussi bien qu'elles.

Donc le rire et le sourire ne sont apparentés que très lointainement.

Quoique, en effet, le rire soit — pour parler le langage des philosophes — *le propre* de l'homme — la bête ne rit jamais et pour cause — il présuppose de l'anormal dosé de ridicule.

Quelqu'un grimace-t-il devant nous, à son insu ou à bon escient ? commet-il une maladresse ? tombe-t-il, comme on dit, les quatre fers en l'air ? S'exprime-t-il et s'accoutre-t-il d'une façon grotesque ? aussitôt notre rire se déclanche ainsi que par le jeu d'un déclic.

Un brillant écrivain de nos jours, penseur profond et original sinon indiscutable, M. Bergson voit dans le rire « du mécanique plaqué sur du vivant. » (*Traité du Rire.*) Son expression, où la note de nature semble un peu méconnue fait image : car le rire donne à ceux qui y excèdent l'aspect et les mouvements saccadés d'un pantin à ressorts.

Assurément, il y a du naturel dans le rire, mais un naturel analogue à celui d'une rupture d'équilibre présupposant la stabilité, d'une grimace plus ou moins accentuée exigeant le visage qu'elle défigure.

Aussi le rire est-il à base d'imperfection. Il l'est objectivement, c'est-à-dire en ce qui extérieurement le provoque ; et subjectivement, c'est-à-dire dans la personne qui en éprouve et en satisfait l'envie.

C'est pourquoi on ne saurait se représenter Jésus-Christ l'Homme-Dieu parfait, et la Vierge Marie sa Mère, la Femme modèle, donnant prise au rire.

Ceci nous explique les traits sarcastiques décochés par l'Esprit-Saint, dans les Ecritures sacrées, au rire, à ses excès, à ses éclats.

D'autant que le rire immodéré devient trop souvent le complice et prétend être la cause excusante et l'étouffoir du péché.

Observons beaucoup de jeunes gens quand ils entrent en ce printemps de la vie, l'adolescence où l'illusion du bonheur d'être libre n'en aggrave que trop le péril. L'éclat de leur rire préside à leurs chutes les plus lamentables et s'efforce d'étouffer les cris de scandale retentissant dans leur conscience et dans leur entourage.

Voilà le rire ! Ne nions pas qu'il se justifie quand la saine gaîté et le besoin de détente l'occasionnent et quand les convenances et la charité à l'égard du prochain le règlent et l'endiguent.

Mais combien ses excès dans le défaut de justice, de dignité et de pudeur sont faciles et le condamnent !

Il en va autrement du sourire. Ses motifs, son fait, ses résultats impliquent la noblesse, la mesure et le profit moral car, subjectivement, tout y procède du cœur éclairé par la raison. Et, objectivement, en d'autres termes, dans la personne qui motive et à qui s'adresse le sourire, rien ne le lui vaut qui soit indigne et moralement mauvais.

C'est que le sourire est une des manifestations

extérieures de ces deux formes exquises d'amour pur et généreux : la bonté et l'affabilité.

Les personnes méchantes, les rustres, celles qui ont l'idolâtrie du malheur et la phobie du bonheur d'autrui ; celles qui se réjouissent des fautes et s'attristent de la vertu du prochain ; celles qui crèvent de dépit ou de joie selon la réussite ou l'insuccès des autres, toutes ces empoisonneuses ne sourient pas. On voit bien sur leurs lèvres les piquants du sarcasme, les épines de l'ironie, nullement les fleurs épanouies du gracieux et bienveillant sourire.

De fait le sourire est une fleur de bonté. Et cette fleur se transforme en fruit délicieux.

Le sourire naît dans presque toutes les circonstances où la bonté s'exerce.

La bonté se réjouit du bien et des avantages d'autrui quand elle les constate dans le présent et les escompte pour l'avenir.

Et parce que rien ne prévaut sur les dons surnaturels et sur l'éternelle félicité que Dieu propose aux âmes, y compris les plus humbles, la bonté met un sourire aux lèvres de ceux qui voient leur prochain se sanctifier dans la grâce divine et s'enrichir de ses mérites.

Bien plus ! les adeptes de la bonté sourient même — oh ! discrètement ! — en face des nobles infortunes et des épreuves fécondes. Car le sourire naît de l'amour qui se sait et se sent puissant à pacifier, à protéger, à consoler.

Rappelons-nous la tactique des mères, ces parfaites maîtresses en amour fort et tendre, quand leurs petits enfants tremblent et pleurent de peur ou de souffrance.

Dussent-elles violenter leur sensibilité profondément émue, elles prodiguent à leurs bébés en larmes paroles et baisers et elles leur sourient. Et leur sourire se fonde sur la certitude à base d'intuition et d'expérience qu'elles possèdent de leur pouvoir consolateur.

D'autres cœurs que les cœurs maternels sont le berceau de semblables sourires évidemment plus réservés que ceux éclos au spectacle des joies et des succès du prochain.

Or ces sourires se transforment en promesses.

Quelles promesses ? — Mais celles infailliblement réalisables formulées par le Christ en personne, le Christ assez hardi pour prédire, assez puissant pour créer *la béatitude des pleurs. Bienheureux ceux qui pleurent, car ils seront consolés !* (Math., v, 5.) *Bienheureux ceux qui souffrent persécution pour la justice ! car le royaume des cieux leur appartient* (Math., v, 10), en cette possession anticipée plus réelle encore que celle inhérente à l'espoir : celle du mérite.

Ceci nous explique l'humainement inexplicable presque l'humainement scandaleux : le fait de lèvres qui se fleurissent de sourires sous des fronts assombris, des yeux larmoyants et sur des cœurs brisés.

Ah ! quel équilibre de toutes les puissances de l'esprit et du cœur ! quelle mise et quel maintien de toutes choses au point ! quels attraits de beauté, quels élans de bonté ! quel rayonnement avant-coureur des joies futures dans les tristesses présentes ! quel grand jour par moments, et, à son défaut, quelle aurore se levant dans la nuit, présuppose, psychologiquement et, surtout, chrétiennement, le sourire !

On ne saurait l'apparenter au rire qu'une chose physiquement ou moralement anormale occasionne, l'excusant quelquefois, mais le transformant plus souvent en un glaive à deux tranchants meurtriers de toute dignité et de toute vertu.

C'est pourquoi si Jésus-Christ et la Vierge Marie ne donnèrent jamais la moindre emprise au rire, tous les deux ont certainement souri.

Pour ce qui est de Notre Dame, Bernadette en témoigna. Et quels charmes ne goûterons-nous pas dans la recherche et la découverte *des raisons* pour lesquelles la Vision sourit à la voyante !

II

Tout, *en Marie*, la prédisposait à cela.

Et bien des choses *en Bernadette* le lui méritait :

La miraculeuse entrevue de cette Reine des cieux et de cette Exilée de la terre se ramenait à celle *d'une mère avec son enfant* privilégiée, et *du modèle vivant de toutes les vertus* avec une petite fille *bien simplement vertueuse.*

La démarche et l'attitude de Notre Dame de Lourdes s'affirmaient avant tout maternelles.

Sa Majesté royale ne s'amoindrissait certes pas au delà de ce qu'il le fallait pour que des yeux encore mortels pussent en soutenir l'éclat. Mais rien, dans le cérémonial des apparitions ne lui donnait le pas sur sa maternité.

Point de cortège ni de concerts angéliques ! aucun apparat ! pas le moindre détail protocolaire de la cour qui entoure et honore la Souveraine du Royaume d'En-Haut !

Seule, une nuée lumineuse, tissée, semblait-il, de la soie la plus blanche et des fils d'or les plus riches précédait de peu la Vision et subsistait quelques instants après sa disparition. Aurore et crépuscule d'une femme bénie entre toutes et comparée au soleil — *electa ut sol !* (*Cant.*, VI, 9) et dont l'inhérente splendeur pouvait bien se voiler mais nullement s'éteindre !

Un minimum d'appareil royal intervenait donc en cette scène.

En revanche, l'ensemble et le détail de cette épiphanie mariale, et du visage et de l'attitude, et des gestes de cette reine revenue, presque *incognito* dans la portion terrestre de son royaume, tout cela, manifestement, la proclamait Mère.

D'où — c'est une redite — le mouvement de ses bras extériorisant le souci de dissiper l'instinctive frayeur de la voyante. Et de là son sourire expressif de l'amour maternel débordant de son cœur et mettant en jeu ses lèvres pour les charger de tendresse avant d'en faire tomber des paroles révélatrices.

Car il convenait de préparer l'Enfant à l'audition de mots supraterrestres. Songez donc ! ouïr la voix de la Mère de Jésus-Christ ! en goûter la douceur ! en sentir la puissance ! en enregistrer les accents pour en réveiller après et longtemps les échos !

Une telle faveur exigeait presque, comme préparation, le prélude, d'un Sourire et du plus gracieux, et du plus tendre qui se puisse imaginer, donner, recevoir : celui de l'Amour maternel de la Mère de Dieu devenue notre Mère.

Mais la mère, en Marie, se double d'un modèle dont un chrétien doit acquérir, par imitation, la ressemblance morale.

Le Christ disait : « *Je vous ai donné exemple afin que vous agissiez à ma façon.* » (JOAN, XIII, 15.) Voilà un mot d'ordre à notre adresse. Saint Paul le réédita en ces termes : « *Revêtez-vous de Jésus-Christ !* » (*Rom.*, XIII, 14), c'est-à-dire : parez-vous de sa grâce, de ses vertus ! participez à sa sainteté !

Nous y réussirons en nous mettant à l'école de sa Mère et la nôtre. Car sa vie tout entière nous trace le programme contresigné de l'apôtre : « *Imitez le Christ comme je fais moi-même !* » (*I Cor.*, XI, 1.)

Médiatrice de la grâce divine, Marie se présente à nous comme un parfait exemplaire de correspondance de la grâce.

Mère spirituelle des âmes, Elle s'en institue la surnaturelle éducatrice.

Et, quand Elle constate qu'une âme, chrétienne à la fois en titre et en fait, s'efforce de se modeler sur Elle, alors Elle lui adresse un sourire d'amour qui s'accentue dans un sourire de complaisance.

C'est le second motif pour lequel Notre Dame de Lourdes daigna sourire, à plusieurs reprises, à l'humble et pauvre Bernadette.

C'est pourquoi il fut affirmé plus haut que bien des choses en cette enfant bénie motivaient le sourire de l'Immaculée.

Quelles choses ? — Mais les réalités les plus sublimes et les plus durables puisqu'elles se rattachent à la terre où elles germent, éclosent, mûrissent et au ciel où elles fructifient.

Entendons, les réalités, d'essence et à fin surnaturelles, de la vertu chrétienne.

La vertu ! mot simple à signification complexe et à ramifications multiples !

La vertu ! mot évocateur de la force exigée par son acquisition et son exercice ; du charme de sa possession ; du parfum que dégagent sa frondaison, sa fleuraison, sa fructification immortelles : *la bonne odeur du Christ*, disait saint Paul. (*II, Cor.*, II, 15.)

La vertu qui nous ennoblit ici-bas et nous vaudra d'être glorifiés là-haut : splendeur morale qui transfigure les corps emprisonnant les âmes d'où elle rayonne ; richesse suppléant aux pires indigences matérielles ; sagesse et science supérieures qui, en vue du Paradis à gagner suppléent au savoir et à la politique dont certains hommes s'enorgueillissent !

Or Bernadette tendait sans cesse à la vertu. Et elle y arrivait, abstraction faite, sans doute, des petites surprises et des moindres faiblesses de l'âge où la raison n'est pas encore mûrie ni l'expérience acquise. Et encore?...

Tout concourait à la parer des fleurs des diverses vertus !

La solitude pleine de Dieu où elle passait la presque totalité de ses journées l'y aidait. Dans un des plus beaux cadres de la nature matérielle en soi si préservatrice et si éloquemment prêcheresse du Créateur, elle gardait quotidiennement un petit troupeau.

Les grains de son chapelet couraient entre ses doigts. Les *Ave Maria* s'enchaînaient sur ses lèvres et y tressaient une couronne de roses pour le front de Marie. C'était sa prière de prédilection.

Comme toutes les âmes d'élite qui possèdent l'intelligence et s'exercent à la généreuse acceptation de la souffrance, Bernadette, toujours aux prises avec un asthme pénible, à demi-nouée dans sa croissance se montrait très résignée à ses propres douleurs et compâtissante à celle des autres. Tout être faible l'émouvait. De ses agneaux elle préférait toujours — disait-elle — « *le plus petit* ».

Souvent battue, injuriée par son frère et sa sœur cadette, — cet âge est sans pitié — elle ne se défendait que du geste qui pare les coups, sans essayer de les rendre, et des pleurs qui en devraient faire cesser la grêle.

Et, parce qu'elle possédait le magnanime et rare sens du pardon, elle ne se plaignait de rien auprès de ses parents. Elle finissait par ensevelir dans l'oubli des griefs qui eussent été justes.

Humainement parlant, elle ne savait, tout comme Jeanne d'Arc, ni *A* ni *B*. Sa connaissance de la langue française qu'elle ne parlait pour ainsi dire pas, se ramenait à celle de quelques expressions usuelles de vie pratique.

Son ignorance, conjointe à sa pauvreté ainsi qu'à sa mine et à sa mise pitoyables, lui facilitait l'humilité et la méfiance de soi-même.

En revanche, enrichie du « *sens du Christ* ». (*I Cor.*, II, 16) ayant l'intuition surnaturelle et le désir de ce par quoi on se sanctifie à haute dose et à grande allure, elle faisait preuve d'une simplicité et d'une docilité exemplaires. Les deux qualités s'entraînent. Il ne fallut rien moins que l'invisible et irrésistible main d'un ange ou de Dieu même, qui la poussa plusieurs fois à la grotte miraculeuse pour qu'elle s'y rendît malgré l'ordre reçu et la promesse faite de n'y pas aller.

Enfin — voici le plus riche et le plus brillant joyau de sa couronne de vertus ! — elle était intégralement, virginalement pure. Cette enfant en haillons portait la plus belle des robes : celle du baptême et de la limpide innocence qu'il confère.

Sa candeur idéale rayonnait dans ses yeux, auréolait son front, transfigurait ses traits. Aussi, quand elle quitta le petit village de Bartrès où elle avait été mise en nourrice et grandi jusqu'à ses treize ans, le curé de cette paroisse, qui la rencontra conduisant une dernière fois son troupeau, fut à ce point frappé par le resplendissement de sa pureté d'âme que, le premier, « il la salua avec respect, se retourna pour la regarder encore et se dit : « Les enfants à qui la Sainte Vierge s'est montrée sur la montagne de la Salette devaient être comme cette petite ». (*Annales de Lourdes*, t. I, p. 70.)

Bernadette allait rentrer à Lourdes pour s'y préparer, au sein de sa famille, à sa première communion. Et il y a une intuition à demi prophétique dans ce trait rapporté par les missionnaires de l'Immaculée-Conception, rédacteurs des toutes premières *Annales de Notre Dame de Lourdes*.

Mais on en peut surtout conclure que tout en Bernadette justifiait et provoquait le sourire de la divine Vierge.

Indicible sourire que l'amour et la complaisance enfantaient dans l'ardent et chaste hymen du cœur et des lèvres !

Marie, la toute Mère, ne pouvait que sourire, ravie et émue, à son enfant privilégiée,

Marie, la toute Sainte, ne pouvait que sourire, heureuse à son imitatrice fidèle.

Marie, la toute puissante, ne pouvait que faire passer en son sourire les énergies qui, d'abord, rassureraient la voyante puis l'enhardiraient pour affirmer, prouver, défendre victorieusement la réalité des apparitions miraculeuses et, en cela, l'honneur de Dieu et de sa Mère.

Voilà plus qu'il n'en faut pour que, charmés et touchés nous-mêmes, nous souriions de notre mieux à l'Immaculée dont les lèvres fleurirent à ce point de grâce et de bonté.

III

SES REGARDS

Oculi vestri viderunt omnia opera Domini.

(DENT., XI.)

O Notre Dame de Lourdes, vos regards contemplaient toutes les œuvres passées, présentes et futures du Seigneur.

Si le sourire est le geste des lèvres, le regard est celui des yeux.

Geste lumineux, puisqu'il ne peut s'accomplir que dans la clarté.

Geste subtil au point de préparer les voies aux intuitions de l'esprit et du cœur.

Geste expressif, puisqu'il produit, sinon le son, du moins l'effet d'une parole.

Geste investi de la double puissance de la force et de la douceur, puisqu'il convainc — ce qui présuppose parfois l'issue victorieuse d'une lutte — et il persuade, — ce qui nécessite l'intervention triomphante de l'amour.

Oh ! le regard ! ce qu'il est ! ce qu'il dit ! ce qu'il peut ! ce qu'il fait de lui-même !

Saint Pierre en témoignerait de poignante façon, lui dont le cœur parjure, renégat, courroucé fut reconquis et transformé en source intarissable de larmes pénitentes par un seul regard du Christ enchaîné (Luc, xxii, 61, 62.)

Or, sous le ciel bleu, dans l'air transparent et léger de Lourdes, Notre Dame fit maintes fois briller et parler ses regards.

C'est que de toute étoile jaillissent des rayons et la Vierge Marie est la reine des étoiles, ces fleurs du firmament comme Elle l'est des fleurs, ces étoiles de la terre. Nous saluons en Elle « *l'Etoile du matin* » et la « *Rose mystique* » (*Apoc.*, ii, 28-xxii, 16. *Litanies*), « *l'Etoile de la Mer* » (*Hymne-Vêpres*), « *la Fleur des champs et le Lys des vallées* (*Cant.*, ii, 1).

A défaut d'autres yeux privés des faveurs de l'extase, ceux de Bernadette saisirent, à plusieurs reprises, les regards de l'Immaculée.

Les témoignages de la voyante sont tout aussi formels et précis sur ce détail des apparitions que sur beaucoup d'autres. Car elle protesta que la Vision

1° *La regarda souvent de très spéciale manière ;*

2° *Regarda, par moments, les foules grossissantes qui se massaient devant la grotte quand Elle y descendait et conversait avec l'enfant extasiée.*

Captons nous-mêmes ces regards virginaux. Nous comprendrons qu'au travers des personnes, ils se fixaient sur les œuvres divines accomplies ou à réaliser en elles.

I

Aux premières questions des petites filles qui, placées presque aussi près qu'elle de l'Apparition **n'en** voyaient même pas le reflet, **Bernadette répondit :** « ***Elle me regardait !*** »

La même attestation passa invariablement sur ses lèvres au cours des enquêtes auxquelles la soumirent le refus de croire des autres, l'initiative privée et l'autorité publique, civile ou religieuse, et, à huis clos, la juridiction familiale.

Car tous ceux qui le purent et tous ceux qui le durent, voire beaucoup de ceux qui n'en possédaient pas le droit, ne manquèrent pas, selon l'expression aujourd'hui consacrée par l'usage, « d'*interwiever* » cette pauvre ignorante dont le nom faisait traînée de poudre sur toutes les bouches.

Et tous reçurent d'elle l'assurance que la Vierge ne la quittait pas du regard.

Il ne s'agissait point, là, d'un regard vague, à demi tangent, analogue à ceux qui semblent viser en ligne droite un objectif irréel et qui motivent ce dialogue express :

— Que regardez-vous !

— Rien !

— A quoi pensez-vous ?

— A rien !

Non, d'après un narrateur informé, la Vierge avait positivement *les yeux dans les yeux* de Bernadette.

Ce regard virginal était intentionnel, persévérant. Il était — ô mystère ! — ému.

Qu'est-ce donc qui pouvait le motiver ?

N'était-ce pas assez, pour captiver le regard d'âme de Marie des ineffables splendeurs de la vision béatifique dont Elle jouissait au paradis dans une mesure supérieure à celle accordée aux chérubins, ces anges de lumière ?

Et les yeux de son corps ressuscité ne se complaisaient-ils pas suffisamment dans la contemplation des perspectives si vastes, si variées, si étincelantes de l'éternelle terre promise dont Elle était la Souveraine et où l'immortelle moisson des élus s'épanouissait frémissante ?

Que pesait donc en valeur, à des regards contemplateurs de la Divinité et de son royaume, cette petite Bernadette dont le panorama de Lourdes, avec ses gorges et ses pics, réduisait le volume et le poids à ceux d'un grain de poussière ?

Toutes ces questions se justifient quand on se représente Marie regardant obstinément une chétive enfant.

Mais voici la réponse qu'elles appellent.

Siège vivant de la sagesse divine, Notre Dame de Lourdes considérait et admirait en Bernadette tout ce que Dieu avait déjà fait en elle et tout ce qu'Il y accomplirait de grand et de magnifique : le passé fructifiant dans le présent où l'avenir germait !

En premier lieu, l'âme de la voyante ressemblait à un bijou précieux ciselé par le céleste orfèvre et auquel un corps resté au-dessous de son âge servait de pauvre et de fragile écrin.

Très pure, très aimante, cette âme avait, comme on dit, la « *belle eau* » et « *les feux* » d'un diamant rare.

Elle en avait aussi les brillantes facettes. Car la diversité des vertus chrétiennes en formaient la parure.

Sur le fond idéalement blanc de l'innocence baptismale jalousement gardée, se détachaient, en cette âme, les teintes violettes de l'humilité, les couleurs sombres de la pénitence et de la mortification dont une santé précaire et les pénuries familiales perpétuaient l'occasion ; le rouge ardent de la charité envers le prochain et de l'amour, en tout premier, de Dieu ; l'or des mérites acquis dans l'obéissance intégrale aux préceptes divins et aux lois de l'Eglise. Et, sur toutes ces splendeurs d'âme, le bleu du ciel et le rayon des étoiles descendaient comme des promesses du paradis.

Œuvres de Dieu, que tout cela !

Car Dieu avait seul racheté cette âme, asservie, dès sa création, au péché originel.

Et depuis cette Rédemption première, Dieu seul la sanctifiait dans *la glorieuse liberté* dont parle saint Paul (*Rom.*, VIII, 14 et 21) et que les enfants du Seigneur possèdent et exercent en pratiquant, par ordre et par amour, la vertu.

Voilà, dans le présent, et en fonction du passé, ce que la reine de toutes les vertus contemplait d'un regard admiratif dans l'âme de Bernadette !

Elle en était d'autant plus heureuse que c'était aussi, quoique secondairement, son œuvre. Car elle était pour la si vertueuse enfant, ce qu'elle est pour tous les rachetés : *la Mère de la divine grâce ; la Médiatrice et dispensatrice des dons du ciel ; la corédemptrice du monde.*

Mais voici quelque chose de plus !

Le temps à venir ne pouvait dérober ses secrets à la Reine de l'Eternité.

Aussi, les yeux fixés sur d'ultérieures et d'ultimes œuvres de Dieu, Notre Dame de Lourdes voyait et admirait, dans la Bernadette actuelle, la Bernadette future de la terre et du ciel.

Vingt ans à peine restaient à vivre à l'enfant.

Or un cycle nouveau d'existence s'ouvrait devant

elle. Et par quels prodiges s'y trouvait-elle escortée dès son entrée, puis y serait-elle suivie !

Elle y parcourait des étapes en tous points surhumaines où elle doublerait les caps de beaucoup de difficultés et de périls.

On la suspecterait, elle, authentique voyante, de folie et d'imposture.

La masse croirait bientôt à sa parole. Oui ! Mais l'autorité civile lui tendrait des pièges, l'accablerait de menaces. Et elle se comporterait, parlerait ou se tairait devant ses agents de telle sorte que la Vierge contemplerait en elle une de ces âmes assistées par l'Esprit-Saint avec tant d'évidence et d'opportunité qu'il faut reconnaître et bénir en elles, dans leurs paroles et leurs actes, le divin Paraclet en personne, ses sûres inspirations et son inconfusible action.

Et ce qui suit nous apparaît plus grave et non moins admirable.

Quoique — Dieu merci ! — elle s'obtienne, la persévérance finale ne se mérite pas. Elle n'est, de ce chef, promise à personne, quels que soient, dans le présent, la vertu possédée, les mérites acquis. Des cœurs défaillants, des mains redevenues faibles, se sont laissé arracher, au tout dernier moment, la palme déjà fleurie du martyre.

Par ailleurs, les faveurs miraculeuses du ciel, les visions, les extases réelles risquent de devenir une mortelle occasion d'orgueil, et ce, par le fait de l'humaine et si imparfaite nature.

Si, pratiquement, le cas est rare, théoriquement sa possibilité ne saurait se nier. Certains voyants authentiques devinrent, plus tard, décevants, peu intéressants. Rien d'étonnant en cette sorte de volte-face ! Car les grâces dites « *gratuitement données* » des apparitions, des prophéties, des miracles ne sont pas ordonnées directement par Dieu à la sanctification de ceux qui les reçoivent, mais à l'édification des autres.

Il reste, cependant, que les sujets de ces exceptionnelles et visibles interventions célestes doivent en bénéficier dans le sens d'une plus grande estime et d'une plus parfaite pratique de toutes les vertus.

Bernadette n'y manqua point.

Entre les deux dates extrêmes du 11 février et du 16 juillet 1858, qui marquaient deux de ses fêtes liturgiques, la Sainte Vierge lui apparut dix-huit fois.

Et, au sortir de chacune de ces entrevues, la bienheureuse voyante s'affirmait plus humble, plus pieuse, plus douce, plus patiente, plus charitable, plus vertueuse en un mot.

Le cycle de ses efforts de vertu ne devait pas se clore avec la série des apparitions.

Peu à peu, le germe de la vocation religieuse naîtrait et croîtrait dans son âme. Au contact des Sœurs de Nevers en obédience à Lourdes, Bernadette ambitionnerait de se revêtir de leur habit et de leurs vœux.

Et ce rêve béni devint réalité quelques années après ses miraculeuses visions.

Or ce fut l'ensemble et le détail de cette active sanctification que la Reine de tous les saints contemplait et admirait dans l'avenir, quand Elle fixait du regard Bernadette.

Oui ! regard admiratif ! car *Dieu est admirable en ses saints* (*Psalm.*, LXVII, 36), les moindres comme les plus grands. Et Bernadette ne compterait pas, un jour, parmi les moindres.

La Mère de Dieu, pour qui son Fils divin sanctificateur des âmes n'avait aucun secret, le savait bien.

Au travers des ombres fuyantes du temps, Elle voyait déjà, dans l'immobile et radieuse éternité, en son humble voyante, une prédestinée de choix, promise au ciel. De là sa toute prochaine promesse à l'enfant : « *Je vous rendrai heureuse, non en ce monde, mais dans l'autre.* » Quoi de plus clair !

Et elle n'ignorait pas que cette prédestinée serait intrônisée à un niveau du paradis plus élevé que celui où les anonymes élus de la masse rayonnent de gloire et tressaillent d'allégresse.

Le nom de la Sœur Marie Bernard scintillait à ses yeux comme une étoile de première grandeur au firmament des âmes solennellement chantées et invoquées par l'infaillible Eglise. Bref, dans la si vertueuse petite fille du présent, le regard de Marie se complaisait en celle que les honneurs de la béatification, préludant, nous l'espérons, à de plus grands honneurs encore, immortaliseraient par surcroît moins d'un demi-siècle après sa mort.

Certes ! toutes les œuvres de Dieu en Bernadette, œuvres passées, actuelles ou futures, étaient bien de nature à captiver et ravir les yeux de Notre Dame.

Et cependant, leur regard s'attacha souvent aux foules qui entouraient Bernadette et, dans ces foules, plus particulièrement, à certaines personnes.

Le fait est certain. Essayons d'en découvrir le mystère et la leçon.

II

Le cœur palpitant et, sans doute, la voix tremblante d'émoi, Jésus s'écriait un jour : *misereor super turbam ! Je m'apitoie sur ce peuple* (Marc., viii, 2.) Et, pour légitimer sa pitié, Il arguait de la faim matérielle éprouvée par les masses humaines qui s'étendaient devant lui.

Mais sa compassion prenait occasion d'autres misères, et combien plus profondes ! Et de ne le point déclarer expressément ne revenait pas à le nier.

C'est que les foules sont un amalgame — ou plutôt, car les éléments s'y distinguent — un agrégat matériel et spirituel de bon et de mauvais.

Le bien y est œuvre de Dieu. Et Dieu s'efforce toujours de l'y accroître.

Le mal y est une résultante de péché. Et Dieu tend sans cesse à y remédier.

Ainsi des masses de Lourdes au temps des Apparitions ! Et c'est ce qui leur attirait les regards réitérés et diversement expressifs de Marie au cours de ses stations sur la roche de Massabielle.

D'autant que ces masses du début étaient, par le fait, des *masses germes ou sources.*

Elles constituaient tout un peuple par avance représentatif ou précurseur des foules de Lourdes à venir et où s'entrecroiseraient les croyants et les sceptiques, les pieux pèlerins et les touristes curieux ; les défenseurs éclairés de la Vierge et de ses miracles et ses adversaires aveuglément haineux; Dieu, enfin, dans ses enfants fidèles et le diable en ses suppôts.

Il y 'avait, d'abord, du bon, du très bon dans les

premiers groupes qui, grossissant toujours en nombre, suivaient Bernadette à la grotte ou y attendaient sa venue quitte à être frustrés quelquefois dans leur attente.

Cela nous explique pourquoi lorsqu'au cours de la troisième Apparition, le 18 février, une pieuse congréganiste après avoir naïvement demandé à Bernadette de prier *la Dame* d'écrire qui Elle était, ajouta : « *Informe-toi si c'est un obstacle que nous venions avec toi* », Marie, qui avait souri de la première requête, n'avait rien tracé sur la feuille blanche à Elle présentée, avait répondu à la seconde : « *Ce n'est pas un obstacle. Elles peuvent venir.* »

La Vierge se complaisait donc dans la vue de ces dévotieuses personnes, bien qu'elle les tînt un peu à distance par un geste gracieux de la main dont la voyante seule saisit le fait et le sens et assura l'exécution.

C'est qu'il s'agissait, là, d'âmes foncièrement bonnes et simples que leurs vertus prédisposaient à croire. Elles ne suspendaient momentanément leur foi en la réalité des apparitions que pour, ensuite, l'exercer avec plus de fermeté, la défendre victorieusement avec les armes forgées au feu de l'enquête sévère des juges ecclésiastiques et trempées au creuset d'évidents miracles.

Aussi Bernadette dit-elle, un jour à ces témoins de bonne foi et de vertu solide : « La Dame vous a regardés longtemps. Elle a souri vers vous ».

Incontestable signe de prédestination dont ces privilégiés secondaires de Notre Dame de Lourdes ne durent jamais perdre le souvenir et purent escompter l'éternel profit quand, quelques temps après, d'irréfutables arguments de faits établirent la certitude des Apparitions.

Au surplus, Notre-Dame-de-Lourdes ne fixa pas les yeux seulement sur quelques personnes d'élite triées dans la masse.

Selon l'expression des *Annales*, elle ne tarda pas à « *promener des regards et des sourires heureux* » *sur tout le peuple pieux* admis à constater quinze d'entre les dix-huit extases de Bernadette.

Mais, dans le champ des apparitions, où « *ce peuple pieux* croissait comme le bon grain, l'ivraie ne tarda pas à se mêler. »

La perfection n'est pas de ce monde, même à Lourdes. Pour s'en apercevoir, de nos jours, pas n'est besoin de se mettre aux aguets et d'être un fin observateur !

Lourdes est une splendide médaille frappée à l'effigie de la Vierge, au coin de Dieu et dans l'or le plus riche, mais à laquelle, dès le début, l'Enfer s'efforça de plaquer un vilain revers, à l'empreinte de sa griffe.

Dans les multitudes prêtes à croire d'abord, puis croyantes, qui se pressaient aux abords de la grotte, s'infiltraient les sceptiques tenaces, les adversaires résolus du fait miraculeux qui, peu à peu, s'affirmait avec preuve à l'appui.

Ils constituaient une minorité, mais ils existaient et agissaient. Parmi eux se glissaient les indicateurs, les espions d'une police et d'une administration locale et départementale nettement hostiles, les pantins à ficelles actionnés par un commissaire, un maire, un préfet qui épuisèrent la gamme des pièges, des menaces pour tenter d'épouvanter, de bâillonner la plus intrépide parce que la plus loyale, la plus invincible parce que la plus simple des enfants.

Voilà un autre aspect des premières foules de Lourdes !

Par ailleurs, puisqu'au glaive du mal se trouvent d'autres tranchants que celui — et c'est le plus meurtrier ! — de la malice haineuse et réfléchie, à savoir, le tranchant de la faiblesse, de l'inconséquence et de l'imprudence, des pécheurs plus ou moins en rupture de ban avec la morale chrétienne se trouvaient même au nombre des croyants à la réalité des Apparitions.

Si solidaires que soient, en principe, les mœurs et la Foi, celle-ci peut rester indemne en substance quand celles-là sont entamées. Il lui manque, *non l'être*, mais *l'active vitalité.*

L'humaine nature est trop débile ; les résolutions prises sont trop fragiles ; la tyrannie exercée par les habitudes contractées, par le tempérament, et par ce « *second péché originel* », l'hérédité ou l'atavisme, est trop réelle pour que dans une collectivité même unanimement croyante et priante, Dieu ne compte pas quelques âmes privées de sa grâce ou prêtes à la perdre.

De telles âmes avoisinaient-elles Bernadette en extase ?

On ne peut dire : « *certainement !* » mais oui bien : « *probablement !* »

Et, dans ce dernier cas, il paraît hors de doute que le regard de la Vierge « *Refuge des pécheurs* » (*Litanies*) s'attachait à ces âmes non moins qu'il atteignait les mécréants et les hostiles avérés, alors que la voyante répétait au nom de la vision : « *Pénitence ! Pénitence ! oh ! priez pour les pécheurs !* »

Par Bernadette, en effet, Marie transmettait ce mot d'ordre à la foule. Elle le faisait en connaissance de cause, après la sûre documentation de regards auxquels Dieu donnait toute l'acuité voulue pour percer les secrets des esprits et des cœurs.

Oh ! les regards de Notre Dame ! les gestes bénis de ses yeux pleins, comme son âme de « *la grâce et de la vérité* empruntées à *la plénitude du Christ* » ! (JOANN., I, 14, 16.)

Ces regards tour à tour joyeux et attristés et, toujours bienveillants !

Leur rayon ne s'éteignit pas dans la clarté mourante de la dernière des dix-huit apparitions à laquelle, sans rien voir autre chose que la transfiguration de Bernadette, la foule fût admise.

Non ! de nos jours encore, en ce coin pyrénéen de France dont Elle fit la terre des miracles et le cœur même de son royaume — *Regnum Galliae, Regnum Mariae !* — Marie regarde les masses accourues.

Ses yeux s'arrêtent avec complaisance sur les bons ; avec pitié, sur les malades et les infirmes qu'elle guérit ou qu'elle résigne ; avec sollicitude, sur les pécheurs dont elle obtient la conversion lente ou instantanée ; avec insistance, sur les endurcis.

Et, en tous, quels qu'ils soient, quoi qu'ils vaillent, ils admirent, actuelles ou prochaines, les grandes œuvres de Dieu.

Mais le cadre de Lourdes est à parois extensibles. Il se prolonge jusqu'où nous sommes quand nous pensons à la Vierge des Apparitions et la prions.

Le regard de Marie nous atteint donc partout. Il

nous pénètre et nous éclaire. Saisissons-le comme une parole de vérité et d'amour.

Et, qu'il nous arrive, selon notre état d'âme, chargé d'approbation, d'encouragement, de reproche, bénissons-le !

Il est une promesse ! C'est un regard du cœur plus encore que des yeux. C'est un regard porteur des grâces du Bon Dieu et des tendresses de sa Mère.

C'est un Regard Sauveur !

IV

SON SIGNE DE CROIX

A. — AU NOM DU PÈRE...

> *Et hoc habebis signum quod miserim te.*
>
> (*Exode*, III, 12.)

> Notre Dame de Lourdes fit le signe de la croix. Ce fut la marque de la mission qu'Elle allait accomplir d'abord au Nom du Père tout puissant.

La bienheureuse Enfant qui rapporta le fait des sauts, des sourires, des regards de Notre Dame de Lourdes témoigna aussi de *son signe de croix* plusieurs fois répété.

Dès la première apparition, Marie, « secours des chrétiens » fit ostensiblement le divin signe du chrétien.

Seule, Bernadette s'en aperçut, remarquant que la Dame, pour se signer, tenait en main la croix d'un chapelet de facture divine.

Trois jours après, en cours d'extase, la fillette des Soubirous dont le surcroît d'étonnement provenait de ce que la Vision restât invisible à d'autres yeux que les siens, répétait à ses petites amies : « *Eh !... vous ne la voyez pas ? Elle tourne la tête !... Sa cein-*

ture vole !... Regardez !... Elle saisit le chapelet enroulé à son bras !.. Elle se signe !... »

Efficace moyen de la préserver d'une conviction ou d'une crainte troublantes d'intervention diabolique !

Jésus, sottement taxé, par les Pharisiens, de possession satanique, leur clouait ainsi aux lèvres une pareille insanité : « *Je chasse les démons. Or si, d'après vous, je le fais au nom de Belzébuth, leur prince, par qui donc vos fils les expulsent-ils ?* » (MATTH., XII, 27.)

La Vierge des Apparitions s'inspirait de cette divine et triomphante logique, Elle qui, dans sa forme éthérée, souriait sous des aspersions d'eau bénite et multipliait ses signes de croix, choses saintes trop redoutables au maudit pour qu'il les accepte ou les emploie.

Ainsi réfutait-elle avant la lettre les objections, les accusations de satanisme dont le coup de feu ne tarderait pas à éclater contre le fait surnaturel de Lourdes.

Mais, en se signant devant Bernadette, Marie ne poursuivait-Elle pas un autre but que celui d'acculer, réduits au silence, au pied du mur de sa grotte, les avocats plus ou moins convaincus de cette inadmissible explication : « C'est le démon. Il n'a pas volé son nom d'esprit malin ! »

Il se peut.

Quand les enseignements, les reproches, les promesses s'entrelacent aux événements, ces derniers ont une voix aussi réellement qu'ils constituent un fait.

Dès lors, les apparitions de Lourdes sont justement comparables à une série de discours, revêtus comme elles, dans leur substance, leur forme, leur fin, d'un caractère religieux d'une note apostolique.

Positivement, elles peuvent s'assimiler à des sermons prêchés comme en temps de mission par la *Reine des Apôtres* aux foules à conserver ou à conquérir à la foi et la vie chrétiennes.

Ne convenait-il pas que cette suite de sermons, dont la contexture fut tissée de paroles et d'actes, s'ouvrît par la formule et le signe qui authentiquent, en tout prêcheur, l'Ambassadeur de Dieu et autorisent sa pensée, son langage, ses gestes : « *Au Nom du Père, et du Fils, et du Saint-Esprit* » ?

Sans illusion ni ingéniosité aucunes ceci paraît se justifier en Notre Dame de Lourdes, et de si riche et pleine façon qu'on ne peut que gagner à analyser son miraculeux signe de croix.

Il convient de s'arrêter aux premiers mots qu'évoque le premier tiers de son geste accompli par Elle en silence : « *Au nom du Père*... Cherchons donc

1° *A quel titre spécial*, et,

2° *Pour quelle particulière mission le Père tout-puissant qui est aux cieux fit apparaître, à Lourdes, la Vierge Immaculée* ?

II

Credo in Deum, Patrem !... Je crois en Dieu le Père !...

C'est le premier article du symbole, charte de nos divines croyances.

Nous en avons appris la formule sur les genoux de notre mère.

Nous en avons compris le sens sur les bancs du catéchisme, la seule *Ecole unique* vraiment raisonnable et bienfaisante.

Méditons ce cri initial de notre foi. Creusons-en la signification dont les mesures de sublimité et de profondeur, de durée et d'ampleur méritent d'être chantées dans la langue de saint Paul autant que le mystère de la charité du Christ. Car il s'agit, là, du mystère de la Très Sainte Trinité, principe et fin, fondement et couronnement de tous les autres.

Elevons-nous, par la pensée, jusqu'à la suprême altitude — *o altitudo !* (Antienne de l'Office de la Très Sainte Trinité) — et jusqu'à la solitude si pleine — *o solitudo ! (d°)* — de « ces Trois qui ne sont qu'Un » (*I*, JOANN., V, 7) : le Père, le Fils et l'Esprit.

Et, soucieux de le mieux connaître pour le mieux adorer sous ses traits personnels, occupons-nous du seul premier d'entre Eux : le Père.

Nous comprendrons au moins un peu ce que présuppose avant tout cette ineffable appellation, et pourquoi, et comment Notre Dame de Lourdes pouvait et devait et entendait s'en autoriser au début de son signe de croix.

Un seul Dieu en trois personnes existe donc infiniment au-dessus du monde où Il réside, pourtant, par sa Présence, par sa Puissance, par son Regard et son action providentielle.

Il est *un* : car la Divinité, nécessairement infinie, est nécessairement indivisible.

Il est *un en trois Personnes* : car Elles sont absolument réelles et distinctes, quoique également divines ou divinement égales, les personnalités que notre foi nous désigne en Lui sous ces Noms : le Père, le Fils ou le Verbe, l'Esprit Saint.

Par quoi se différencient-Elles ?

Par leurs seuls Noms propres ? Nullement ! Ce ne serait pas assez. Il faut autre chose.

Par leur seule Nature ? Pas davantage ! Ce serait trop. Puisque chacune des Trois étant Dieu possède intégralement la Nature divine par quoi un être est Dieu et qui est identique en chacune d'Elles.

Elles ne se distinguent que par ce qui fait spécialement, de la Première, le Père et non le Fils et l'Esprit ; de la Deuxième, le Fils et non l'Esprit et le Père ; de la Troisième, l'Esprit et non le Père et le Fils.

Pénétrés d'une crainte tempérée par l'amour, contemplons uniquement la première.

On la nomme « *le Père* » en langage chrétien. Elle l'est, en réalité. Car, principe sans principe, aucunement engendrée elle-même, elle engendre — *ne comprenons pas « elle crée »* — la deuxième.

Ainsi, par lointaine analogie, le soleil engendre ses rayons ; mon âme engendre ma pensée ; ma pensée engendre ma parole, puisque, dans la Très Sainte Trinité la deuxième personne est le rayonnement substantiel, l'Idée, le Verbe de la première.

Génération sublime autant qu'éternelle !

De fait, le Père céleste est totalement et exclusivement principe.

Il l'*est nécessairement*, à raison de l'Etre qu'Il communique de toute éternité à son Fils incréé.

Il l'est librement à raison de l'être naturel qu'Il donne, dans le temps à toute créature.

Et quand, privilégiées entre toutes, certaines de ses créatures reçoivent et conservent, par sa grâce, une vie surnaturelle, alors sa qualité et son rôle de premier principe s'épanouissent, sur la terre, dans l'exercice d'une paternité analogue à celle sans égale dont Il jouit au ciel. Oui ! dont Il jouit !... car la génération de son verbe constitue essentiellement la béatitude du Père.

Ces dernières remarques nous ramènent à Notre Dame de Lourdes.

Abstraction faite de l'adorable Humanité du Christ, vraie créature mais en tous points hors cadre, un Etre créé passa-t-il jamais ici-bas, se trouve-t-il là-haut envers qui le Père éternel fit acte et preuve de paternité plus et mieux qu'en la Sainte Mère de son Verbe incarné ?

Oh ! avec quelle lumineuse et ardente conscience, avec quelle parfaite appréciation des dons de nature et de grâce dont le ciel la combla, l'Immaculée, Vierge d'abord, Vierge-Mère ensuite, modèle des âmes croyantes, dut s'écrier dans le sanctuaire de son cœur : Je crois en Dieu le Père !...

Elle en était la fille exceptionnelle dans l'ordre de la nature et de la grâce, de la beauté et de la bonté.

Que n'eût-elle pu nous dire après toutes les intuitions puis toutes les révélations qu'entraîna la filiation divine dans pareille préparation à sa divine Maternité !

L'Eglise, dans l'office d'une de ses fêtes, lui prête le langage inspiré de Dieu même visant directement son Verbe de sagesse : « *Jéhovah m'a possédée avant ses œuvres les plus anciennes. J'ai été fondée dès l'Eternité avant les origines de la terre. Aucun abîme, aucune source jaillissante, aucune montagne ni colline affermis sur leur base n'existaient, et, déjà j'étais enfantée. Lorsque le Créateur disposa les cieux, lorsqu'Il traça un cercle à la surface des gouffres et fixa une limite à la mer, j'étais là !...* (*Prov.*, VIII, 22, 31.)

Voilà l'affirmation de la préexistence de Marie dans la pensée de Dieu résolu à la créer à l'heure de son choix.

Cette préexistence est commune, il est vrai, à toutes les âmes que le Créateur projeta éternellement d'établir un jour dans l'être.

Mais si, pour la définir et la caractériser en la Vierge Marie, l'Eglise osa appliquer à sa Personne les termes scripturaires que le Verbe engendré par le Père s'applique à Lui-même, sagesse et lumière éternelles, ne serait-ce point parce que l'Eglise reconnaît et entend nous présenter ainsi en Marie une Enfant de l'humanité instituée plus réellement et plus magnifiquement que tout autre, Fille du Père ?

C'est que le Père céleste la conçut de toute éternité dans son Esprit. Puis Il la créa dans le temps. Il en fit le chef-d'œuvre de sa pensée et de son amour, la vivante et immortelle personnification de la Femme unique en qui se réaliserait d'emblée, par privilège de grâce la parfaite restauration de la personnalité humaine entamée par le péché d'Adam. Œuvre exclusivement divine que celle-là ! Elle ferait un jour et à jamais, à un niveau pourtant moins élevé, le pendant et en un sens, la préface de la restauration, par exigence et effet de divinité conjointe, de la nature humaine en l'unique Personne de l'Homme-Dieu.

Car nul doute qu'en prédestinant Marie à devenir la vraie Mère de son Verbe fait chair, le Père qui règne aux cieux se la rattacha par les liens d'une Paternité créatrice d'une filiation sans égale.

Et c'est à ce titre que, par le premier tiers de son signe de croix, Notre Dame de Lourdes se présenta à Bernadette.

Son geste revêtait la signification de cette parole explicite : Je suis la Fille préférée « du Père des Lumières de qui descend tout don parfait » (Jac., I, 17.)

Et ce même geste, révélateur de son titre filial unique au monde, annonçait de plus sa mission.

II

Quelle mission ?

Pour le savoir au juste, remontons du coup d'aile de notre âme croyante, aux plus hautes cimes du paradis.

Là, dans une clarté humainement inaccessible, au centre de l'une et indivisible Divinité, la Première Personne de la Trinité vit et règne.

Elle vit d'autant mieux qu'Elle est à Elle-même sa vie.

Elle règne ! Car le « Je crois en Dieu le Père » du « Credo » se complète par un mot évocateur de pouvoir infini.

Nous disons, en effet : « Je crois en Dieu le Père *tout-puissant.* » Mesurons dans son ampleur sans bornes, creusons dans sa profondeur sans limites le sens de ce qualificatif : *tout-puissant*.

Nous verrons pourquoi et comment il se doit approprier spécialement au Père, sans que, néanmoins, il puisse se dénier aux divines Personnes du Fils et de l'Esprit.

Puis nous conviendrons que, par le début de son signe de croix, Marie protestait que, dans le mystère de Lourdes avec son jaillissement de miracles et de bienfaits, Elle affirmerait sa participation à la Toute-Puissance de Dieu le Père et que sa mission consisterait à la mettre en œuvre.

Ne perdons pas de vue que la paternité est essentiellement une source de vie. Elle implique, donc, dans une mesure proportionnée à son plus ou moins de perfection, la puissance, l'autorité.

Elle engendre d'abord. Puis elle régit, elle soutient dans l'existence par elle donnée.

De créatrice, elle devient conservatrice, éducatrice et protectrice.

C'est dans un double sens que l'être qu'elle se rattache vit. En premier lieu, il naît d'elle. En second lieu, par elle il subsiste en tant qu'enfant.

Ne cherchons pas ailleurs pourquoi, dans nos humaines familles, le Père est maître. On doit voir en lui une providence secondaire.

Les faits dictent cette expression consacrée par l'usage et visant le Père seul : *chef de famille*. Et il faut voir dans les faits l'exécution d'une loi de nature. Et il revient au chef de famille ou encore au maître de maison de pourvoir à l'entretien des siens, de les défendre contre tout ennemi, et, si des maux les frappent, de s'efforcer d'y remédier.

Tout cela se vérifie parfaitement du Père par excellence de la vaste famille chrétienne, celui qui est d'autant plus puissant qu'Il est plus haut placé : *Pater noster qui es in cœlis !*

Cet éternel, cet infini, ce parfait engendreur qui s'affirme tel au sein de la Trinité adorable est un nécessaire et parfait provident à l'égard et au profit de ses créatures terrestres.

Notre Père, qui êtes aux cieux !... Voilà *sa Paternité* suprême !

Donnez-nous aujourd'hui notre pain !... Délivrez-nous du mal !... Et voilà *sa Providence* souveraine tant au spirituel qu'au temporel !

C'est à raison de sa paternité en elle-même s'exerçant au ciel d'abord, sur terre ensuite, et c'est à raison de l'extension de sa paternité en sa providence, que la théologie catholique attribue ou approprie la toute-puissance à la première Personne de la très sainte Trinité.

Les deux autres, le Fils et l'Esprit, possèdent aussi ce nécessaire attribut de la Divinité, puisqu'ils sont Dieu.

Mais sa possession et son exercice nous apparaissent sous un aspect plus frappant en celui qui, sans être plus Dien qu'Ils ne le sont, est ce qu'Ils ne sauraient être : à savoir le Père ou le principe par qui tout existe et tout vit, tout, y compris, au niveau de leur égale majesté et de leur commune essence, Lui, le Fils, Dieu de Dieu, Lumière de Lumière, et Lui l'Esprit qui procède et du Père et du Fils.

Nous croyons donc en Dieu le Père Tout-Puissant.

Or voici que sa toute-puissance s'affirme à nos yeux dans le Fait de Lourdes. Car la mission de la mettre en lumière fut assignée par le Père céleste à sa Fille de prédilection : la Très Sainte Vierge Marie.

En quel autre lieu du monde, en effet, Notre Dame de Lourdes justifia-t-Elle mieux l'invocation que nous lui adressons : *Virgo potens ;* Vierge puissante (*Litanies*) et exerça-t-Elle plus visiblement, plus efficacement son suprême pouvoir participé de Dieu?

Lourdes est un champ clos où Marie, « *terrible comme une armée en ligne de bataille* », part en guerre victorieusement contre le mal sous toutes ses formes s'attaquant à l'humanité.

Le témoignage nous en vient de malades et d'infirmes innombrables martyrisés, mis à mort à petit feu dans leur pauvre corps.

Il nous en arrive aussi de pécheurs qu'on ne saurait compter et qui étaient aux prises, dans leur âme, avec ce mal majeur : le péché.

Tout d'abord, deux mots évocateurs de choses également admirables parce que également divines, définissent l'action de Notre Dame de Lourdes sur les corps en proie à la maladie et à l'infirmité : Guérison ! Résignation !

Lisez, en leurs milliers de pages, les relations authentiques des pèlerinages. Elles vous paraîtront calquées sur cette page évangélique : « *les sourds entendent, les aveugles y voient, les boiteux et les paralytiques marchent* » normalement (Luc, VII, 22). Que de retours instantanés à la santé en cette véritable cour des miracles : le devant de la grotte, le cadre des piscines !

Les miraculés s'y dressent, triomphateurs, presque ressuscités !

Et quel terrain à prodiges que le cœur des malades et des infirmes qui, nullement guéris, en dépit de leurs prières et de leur espérance, n'en sont pas moins et, parfois, n'en sont que plus résignés !

Ceux-là aussi se redressent, soldats victorieux dans l'arène sanglante où le mal physique, celui des corps, attaque et meurtrit ses victimes. Car, selon l'exacte et belle parole de saint Augustin : l'*infortune ne nous écrase que si nous lui sommes inférieurs. Et tel n'est pas notre cas si nous la supportons les yeux et le cœur fixés au ciel.*

Oui ! miraculés enthousiastes, et non-miraculés résignés témoignent éloquemment de l'action de la toute-puissance divine exercée à leur profit par l'intermédiaire de la reine des miracles, *salut des infirmes et consolatrice des affligés.* (*Litanies.*)

Ce n'est pas tout ! Voici même, peut-être, un plus grand prodige.

A Lourdes, Marie est la médiatrice et se fait l'instrument de la Toute-Puissance du Père céleste au bénéfice surtout des pécheurs.

Là, plus qu'ailleurs, elle en devient le *refuge.* (*Litanies.*) Elle scintille à leurs regards comme une étoile qui les guide au port du salut sur l'océan tempétueux des tentations subies, des passions déchaînées, des péchés commis, de la mort spirituelle de l'âme. *Ave Maris stella !*

C'est que Notre Dame de Lourdes éclaire les intelligences, touche les cœurs, dompte les volontés. Elle convertit les âmes, soit qu'elle fasse concourir à leur conversion le bienfait d'une guérison deux fois impossible humainement, comme pour ce miraculé de marque, *Gabriel Gargam*, soit qu'elle y ordonne le spectacle des miracles accomplis par elle au profit de pécheurs bien portants.

Ceci, c'est de l'histoire, de l'histoire ayant pris naissance au temps même des enquêtes de l'Eglise sur les apparitions, et de l'histoire ayant pris une telle ampleur jusqu'à nos jours qu'elle engage sûrement l'avenir et qu'elle nous autorise à voir dans une petite ville pyrénéenne le seul endroit du monde où le miracle cesse d'être une exception.

Notre Dame le prévoyait. Elle savait qu'elle ferait fleurir, là, le bien des corps et des âmes sous le sceptre de toute-puissance mis en sa main par le Père éternel.

De là le premier élan de son signe de croix et, sous entendue en ce geste, sa parole : au nom du Père !...

Comprenons-la et bénissons-la ! d'autant que la grâce sanctifiante fait de nous les enfants adoptifs du Seigneur omnipotent « *qui a envoyé dans notre cœur l'Esprit de son Fils lequel nous fait crier : Abba ! ô notre Père !* » (*Galat.*, IV, 6.)

V

SON SIGNE DE CROIX (*Suite*).

B. — AU NOM DU PÈRE ET DU FILS...

Et hoc habebis signum quod miserim te.

(*Exode*, 3.)

Par son signe de croix Notre Dame de Lourdes s'autorisait encore du Nom du Fils.

Dans le signe de croix le geste s'anime de l'intention inhérente aux paroles.

Ainsi du signe de croix de Notre Dame de Lourdes, quoiqu'Elle en passât sous silence les mots bénis.

De même, donc, qu'en élevant la main au front Elle évoquait le Nom du Père céleste et s'en autorisait, de même, en l'abaissant sur la poitrine, Elle faisait rayonner le Nom du Fils dans l'air illuminé déjà par sa virginale présence.

De quel Fils et de qui ?

Une double réponse s'impose, et de telle portée qu'elle atteint le sommet des cieux et redescend à terre.

Car, dans la pensée de la Vierge et la continuation de son signe de croix, il s'agissait de la deuxième Personne de la Sainte Trinité, le Fils *consubstantiel au Père* (SYMBOLE DE NYCÉE) et aussi, en ce même Verbe divin revêtu de notre chair, de son propre Fils à Elle.

Il ressort de là qu'à Lourdes Marie, en se signant, voulait :

1° *Nous faire saisir le reflet de la Sagesse éternelle personnifiée dans le* VERBE CRÉATEUR *par qui toutes choses furent faites.*

2° *Nous apporter les promesses du* VERBE RÉDEMPTEUR *par qui toutes choses sont restaurées.*

I

Après avoir chanté, dans le symbole de Nicée : « *Je crois en un seul Dieu, le Père Tout-Puissant, Auteur du ciel et de la terre, de tous êtres visibles et invisibles* », nous ajoutons : « *Et en un seul Seigneur Jésus-Christ, Fils unique de Dieu. Engendré par le Père avant tous les siècles, Dieu de Dieu, Lumière de Lumière, vrai Dieu de vrai Dieu, Il n'est nullement créé. Identique en nature au Père, c'est par Lui que fut accomplie la création entière.* »

Mystérieuses paroles ? — Sans doute !

Paroles impliquant des contradictions, puisque l'œuvre géante de la création intégrale s'y trouve attribuée, d'une part, au Père « *factorem caeli et terrae* » ; d'autre part, au Fils « *per quem omnia facta sunt* » ?... Oh, non ! aucune contradiction ne vicie et n'infirme, ici, le fond ni la formule d'une vérité dogmatique révélée et garantie par la foi.

La moindre difficulté s'évanouira à nos yeux si nous savons et comprenons ce que le Père et le Fils sont et font l'un envers l'autre au sein de l'adorable Trinité.

La simple raison naturelle nous affirme que Dieu, pur Esprit, se connaît Lui-même et qu'Il pense.

Or, sur cette donnée rationnelle, la foi greffe l'enseignement qui suit et qui défie toutes les investigations et toutes les conclusions du génie humain, fût-ce celui d'un Aristote et d'un Platon.

Il est de foi, en effet, que la conscience ou connaissance que Dieu le Père possède de son Etre et de ses perfections, que sa pensée, son idée constituent *son Verbe* ou *son Fils* et se confondent avec Lui.

Car son Verbe vient de Lui ainsi que la pensée jaillit de l'esprit qui l'enfante, de l'intelligence qui la creuse.

Mais son Verbe, fruit éternel de son activité personnelle, de sa perpétuelle Paternité se revêt d'une autre Personnalité que la sienne : celle d'un vrai Fils qui, réellement engendré n'eut pourtant jamais à naître, « *genitum non factum* », et qui, deuxième Personne de la Trinité, tire son origine de la Première et s'en distingue.

Ainsi, l'être, la substance du Fils sortent de l'être et de la substance du Père et s'épanouissent dans la même nature infinie, mais non dans le même « *Moi* » que la nature et le moi du Père, à la façon — comparaison très exacte faite par le Pape Saint Corneille — dont, sans se confondre, la clarté sort du soleil et, la vapeur, de l'eau.

C'est donc par *génération intellectuelle* qu'au sein de la divine famille le Fils provient du Père. Celui-ci produit en celui-là son image et, comme s'exprime saint Paul *le rayonnement de sa gloire, l'empreinte de son Etre. (Hebr.*, I, 3.)

Comment l'image, le rayonnement, l'empreinte du Père dans le Fils sont-ils une Personne?

Mystère ! mais vérité de foi. *Deum de Deo !*

Comment le Dieu de Dieu ne fait-Il pas un second Dieu ainsi que, dans l'humanité, l'homme né d'un autre homme fait forcément un second homme ! Oui, comment ? encore que, remarque saint Basile, on dise aussi justement du portrait d'un roi que du roi en personne : c'est le Roi !

Mystère, toujours ! mais, toujours, vérité de foi !

Et elle se complète ainsi :

Elaborée par le Père, personnifiée dans le Fils possesseur en droit et en fait de toute la divinité la pensée divine s'exprime. Elle est une *idée parlée.*

Parlée, exprimée par qui ? par le Fils encore que l'on nomme *le Verbe* parce qu'Il est l'organe, la voix de son Père et lui rend témoignage.

Et parce que l'impeccable pensée de Dieu le Père ne saurait dévier de la droite ligne du vrai, du beau, du bien absolus, elle s'épanouit dans la science parfaite, dans la majesté indéfectible et la douce saveur de l'infinie sagesse.

Et parce que, personnifiée dans le Fils, la parole du Père ne saurait trahir sa pensée, son Fils est, dans toute l'étendue du mot, *un Verbe de sagesse* ou, ce qui revient au même, *la sagesse incréée,* infinie.

Toute la doctrine catholique relative à la deuxième Personne de la Trinité sainte, à son être, sa fonction, son activité éternels se résume en tout ce qui vient d'être dit. Mieux que ne le fait le soleil elle nous aveugle par excès de clarté et non, comme la nuit, par défaut.

Mais la Vierge Marie, dans la personne et la mission de qui la sagesse de Dieu se reflète, clarifia, à Lourdes, cette Doctrine à nos yeux. C'est en quoi elle ne démentit pas plus la suite que le commencement de son signe de croix : « *Au Nom du Père*, et DU FILS... »

Saint Paul écrivait, à propos du mystère du Christ crucifié « *ce qui serait folie, de la part de Dieu, est plus sage que la sagesse des hommes et ce qui semblerait faiblesse divine plus fort que la puissance humaine. Car ce que le monde tient pour insensé et pour rien, Dieu le choisit pour confondre les sages et les forts.* » (*I Cor.*, I, 25, 27.)

Par mission divine, Notre Dame de Lourdes, *sedes sapientiae*, procéda de même.

De qui fit-elle, et jusqu'à dix-huit fois, sa voyante? D'une enfant de pauvre naissance et de rang miséreux, ignorante, sinon inintelligente, physiquement débile, sinon malade, et craintive à outrance.

Quel défi jeté aux sages et aux puissants de la terre !

Ils le relevèrent... pour être confondus.

Confondus par qui ? par la Vierge en personne, devenue visible à leurs yeux et conversant directement avec eux en un français très châtié ?

Certes, non !

Au demeurant, n'auraient-ils pas eu, même en ce cas, des yeux pour ne point voir, des oreilles pour ne pas entendre et un esprit pour ne pas comprendre ?

Renan ne poignarda-t-il pas sa raison sur le cadavre de sa foi, en écrivant ceci : « *Je verrais un miracle que je n'y croirais pas !* »

Zola ne fit-il point pire. Car, à Lourdes, il vit et entendit, lui, toutes portes lui ayant été ouvertes à cette fin. Puis il se refusa à croire et frelata sciemment l'histoire, dans son livre *Lourdes.*

Ni Renan, ni Zola, ni le Diable en personne n'eussent triomphé de la prétendue sottise et de la prétendue faiblesse de l'humble Bernadette. Car, sous l'influnce directrice et protectrice de Notre Dame de Lourdes, divine médiatrice là comme partout ailleurs, l'angélique enfant aux prises avec les autorités civiles, s'inspirait de la souveraine et toujours triomphante sagesse de Dieu, dans ses paroles, ses actes et sa tactique exclusivement défensive.

Elle comparut devant d'autres enquêteurs, prudents et non hostiles, eux, soucieux de s'éclairer quitte à y mettre le temps et non de juger sur le champ et en dernier ressort ; assez sages pour s'abstenir de se rendre immédiatement au lieu des apparitions et pour, d'autre part, ne point nier *à priori*, de parti pris ; assez loyaux pour multiplier les contrôles sans dresser de vrais pièges.

Des mois s'écoulèrent. Et l'on fut bien contraint de s'incliner devant la réalité divine. Et l'on s'en réjouit à la cure de Lourdes, au sein de la commission diocésaine, à l'évêché de Tarbes.

Bernadette l'indigente demeurait incorruptible aux offres d'argent que d'autres personnes se hasardaient à lui faire pour qu'elle se démentît.

Bernadette la craintive avait, sous la menace, l'indomptable hardiesse des « *doux qui possèdent la terre.* » (Math., v, 4.)

Elle n'avait qu'un refrain : celui de son cœur à la Vierge : « *Je l'ai vue !... oui ! je l'ai vue !* »

Et quand on lui demandait : « Et comment l'as-tu vue ? » Bernadette l'illettrée — elle n'apprit à lire que plus tard — répliquait : « *avec mes œils !* »

Et de ses enquêteurs de bonne foi, on pouvait dire bientôt, comme des docteurs en Israël controversant, dans le Temple, avec Jésus adolescent : « *Ceux qui l'entendaient étaient ravis de la prudence de ses réponses.* » (Luc, II, 47.)

Prudence et sagesse, c'est tout un ! En vérité, le reflet de la sagesse divine, l'empreinte du Verbe de Dieu passaient dans la pensée, s'incorporaient dans les paroles et les actes de la voyante de Marie. Et Marie tenait sa promesse puisque, par son signe de croix, Elle avait protesté qu'Elle se présentait *au Nom du Père et du Fils.*

Ah ! c'est que la sagesse infinie de Dieu, personnifiée *par appropriation* dans le Fils, tout comme la toute-puissance l'est, *par appropriation,* dans le Père, allait tout disposer pour que le fait de Lourdes fît bientôt jaillir de tous les cœurs loyaux ce cri de foi : *Digitus Dei hic !* Le doigt de Dieu est là !

C'est que, dans ce royaume grandissant du miracle, toutes choses seraient initialement réglées et accomplies par le Verbe divin comme elles l'avaient été dans l'immense sphère de la création : « *per quem omnia facta sunt.* »

Et parce que le Verbe divin s'est incarné pour le salut du monde, la Vierge Marie, sa Mère devait encore, par son signe de croix en rappeler, à Lourdes, les volontés et les promesses rédemptrices.

II

La virginale Mère de l'Homme-Dieu Sauveur apparut et parla à Lourdes comme le modèle accompli des prédicateurs de mission.

Positivement, Elle y prêcha.

Elle le fit, sur la roche de Massabielle, comme du haut d'une chaire, en celles de ses apparitions où Bernadette entendit ses paroles. Et, en chacune de ses exhortations si simples et si prenantes, ce texte sacré eût parfaitement convenu : « *Il n'est pas sous les cieux d'autre Nom que celui de Jésus pour indiquer aux hommes leur salut* (*Act.*, IV, 12.)

Certes ! il lui appartenait d'évoquer ce Nom adoré : car ce Jésus, c'était son Fils ! Elle l'avait conçu, porté, enfanté, allaité, bercé. Son sein était devenu un coin du ciel où le Verbe divin, pur Esprit, s'était fait Verbe incarné, avait pris un corps mortel, une âme passible.

Et pour qui ? pour nous ! *propter nos homines !*

Et pourquoi ? pour nous sauver ! *propter nostram salutem !*

Il fallait donc que les sermons de Notre Dame de Lourdes fussent un commentaire substantiel du Nom de Jésus et qu'ils s'ouvrissent par le signe de la croix pour se revêtir de l'autorité du Christ : *au Nom du Père et du Fils !*

Mais à qui, de cette façon aussi précise que concise, la Mère du Rédempteur les prêcherait-Elle, énonçant tout ensemble les saintes exigences de la volonté du Sauveur et les célestes promesses de son cœur ?

S'adresserait-Elle à Bernadette ? oui, d'abord !

Les âmes les plus solidement établies dans la grâce de Dieu et dans la vertu réclament toujours les lumières et les secours qui jaillissent de la parole divine. Leur sainteté d'aujourd'hui ne leur crée pas un droit absolu à leur sainteté de demain. Si chargées qu'elles soient de mérites, elles se courbent, jusqu'au dernier éclair de leur terrestre vie, sous le poids de la tendance au péché. D'où les graves avertissements de saint Paul visant tous les enfants d'Adam : « *Que celui qui s'estime debout et qui l'est en réalité prenne garde à ne pas tomber.* » (*I Cor.*, x, 12.) « *Faites votre salut avec crainte et tremblement !* » (*Philipp.* II, 12.)

Et puis, s'il est utile aux saints eux-mêmes d'entendre les avis, les leçons, voire, les menaces de Dieu, il leur est infiniment doux et réconfortant de percevoir ses encouragements et ses ineffables promesses.

Les saints qui ont lutté pour le devenir, luttent encore pour le demeurer ici-bas.

L'enfer et le monde restent leurs ennemis et déclanchent contre eux leurs assauts répétés.

Chose plus redoutable en ses raisons foncières, plus difficile en son fait incessant ! les saints doivent se combattre et se vaincre eux-mêmes. Car ils sont pétris du même limon de la terre, de la même boue de péché que nous. Car, encore, la persévérance finale, pas plus que la première grâce de justification baptismale ne se mérite pas et donc n'est due à personne. Car, enfin, seuls *les violents gagnent le Paradis* (Matth., xi, 12) et

La vie est un combat dont la palme est aux cieux.

Pour tous ces motifs de sauvegarde, de prudence, d'encouragement, l'innocente Bernadette devait, la première, prendre sa part du grand sermon de Lourdes.

Elle en eut même une part à elle seule réservée et, par ordre céleste formel, absolument incommunicable. Il s'agit des trois secrets que la Vierge lui confia et qui ne furent point plus fortement scellés, plus jalousement gardés dans sa tombe à jamais glorieuse que, de son vivant, dans son très humble cœur.

Oh ! en prêchant à Bernadette, au Nom du Sauveur, Marie prêchait assurément à une convertie, je veux dire à une âme gagnée d'avance à la parole de la Vierge et aux vouloirs divins qu'Elle exprimait. « *La Dame* » souriait à la petite fille parce que, nous nous en souvenons, Elle voyait en elle, à ne s'y point tromper, l'enfant fidèle de son Dieu. Et le problème de sa fidélité, l'énigme de sa persévérance lui paraissait si heureusement et si sûrement résolu pour l'avenir que la bienheureuse voyante avait cueilli aux lèvres de la reine des élus la promesse de sa propre prédestination.

Or, autour de cette prédestinée, sous la roche qui servait de piédestal à l'invisible souveraine du ciel, devant le creux de pierre où l'ange gardien de Bernadette faisait monter sans doute en son nom, l'ardent et pur appel du *Cantique des cantiques* adressé à l'Immaculée : « *Venez, ô ma belle et très aimée colombe dans la fente de cette grotte, dans cet abri aux parois escarpées ! Montrez-moi votre visage, car il est charmant ! Faites-moi entendre votre voix, car elle est douce* (*Cant.*, II, 14) ; autour de Bernadette, et dans le cadre de merveilles et dans une atmosphère chargée d'émotions et de prières ; sous un ciel lumineux où les « *Ave Maria* » s'envolaient comme des feuilles de roses, puis retombaient, tressés en couronne sur le front de la reine du Rosaire souriante, la foule s'amassait et grandissait de jour en jour.

Et la foule surtout requiert l'évangélisation.

Par définition, elle consiste en une telle agglomération d'âmes inégales en valeur morale !

L'humanité entière s'y résume. Et il faut reconnaître en elle cette « *masse de perdition* » dont parle saint Augustin.

Ce mot faisant image se justifiait à Lourdes autant qu'ailleurs à l'époque des apparitions.

Les meilleurs d'entre les témoins des extases de Bernadette n'excluaient pas de la récitation de leur chapelet cette requête à base d'humble aveu : « *priez pour nous, pauvres pécheurs.* » Et plus « *pauvres pécheurs* » étaient réellement encore, les curieux purs et simples, les ennemis déclarés qui, là, s'entremêlaient aux croyants du Seigneur prêts à le devenir de Notre Dame de Lourdes.

Concluons qu'il fallait que Notre Dame de Lourdes prêchât à tous au Nom de son Fils Sauveur, quitte à prendre pour porte parole la vertueuse petite fille qui, seule, la voyait et l'entendait.

Marie n'y manqua point.

En quelques paroles — que nous méditerons — incisives à l'égal d'un trait de lumière et de flamme, acérées comme le *glaive à deux tranchants du Verbe de Dieu* (*Hebr.*, IV, 12) la reine des apôtres parla aux foules de Lourdes aux lieu et place de l'apôtre par excellence le Fils de Dieu fait Homme.

Evocatrice également des menaces et des promesses d'un Dieu nécessairement juge et librement rédempteur, elle rappela aux mauvais ce que réserve l'obstination dans le mal, aux bons ce que mérite la persévérance dans le bien.

Et Lourdes devint, grâce à sa prédication, le divin théâtre non seulement d'un fait miraculeux répété intéressant uniquement Bernadette, mais encore d'un événement mondial concourant au salut commun de l'humanité.

Car la Vierge corédemptrice du monde signifiait, toujours au Nom de son Fils, qu'Elle voulait qu'un sanctuaire se dressât au lieu de ses apparitions et que les multitudes y vinssent prier, se sanctifier, au besoin se convertir.

Et, dans les airs où sa présence entraînait les rayons d'or du paradis, son signe de croix dressait l'arbre porteur du fruit béni de ses entrailles : le Verbe éternel de Dieu incarné et, comme tel, Sauveur ! *Au Nom du Fils !*

VI

SON SIGNE DE CROIX (*Suite*).

C — AU NOM DU PÈRE, ET DU FILS, ET DU SAINT-ESPRIT !

Et hoc habebis signum quod miserim te.

(*Exode*, 3.)

Par son signe de croix Notre Dame de Lourdes s'autorisait enfin du Nom de l'Esprit Saint.

Comme de notre part, le dernier tiers du signe de croix de Notre Dame de Lourdes s'accomplit au Nom du Saint-Esprit.

Ainsi la Vierge en appelait-Elle à la Trinité tout entière, à ce seul Dieu en trois Personnes qui se l'était rattachée plus intimement, plus sublimement que toutes les créatures, y compris le plus éclairé des chérubins et le séraphin le plus embrasé d'amour.

Car cette *Femme bénie entre toutes les femmes*, de qui Bossuet disait : « *Quand il s'agit d'Elle, ne me parlez pas des règles humaines ; parlez-moi des règles de Dieu !* » était la Fille du Père, la Mère du Fils, l'Epouse de l'Esprit.

Tout fut dit précédemment de ses relations vraiment incommunicables avec le Père et le Fils et de la façon dont les deux premières phases de son signe de croix autorisait de leurs noms adorables tout ce qu'Elle dirait et ferait à Lourdes.

Et l'achèvement de ce même signe sacré lui conférait l'autorité de l'Esprit-Saint dans l'ordre de l'amour divin qui

1° *S'affirme par sa flamme* et

2° *Se livre en ses dons.*

I

Je crois en un seul Dieu, le Père Tout-Puissant... et en un seul Seigneur, Jésus-Christ, Fils unique de Dieu... et en l'Esprit Saint, Seigneur qui vivifie.

Prenons élan sur ces trois maîtres-articles du symbole vers les cimes où règnent les « *Trois qui ne sont qu'Un* »

Nous n'en atteindrons pas le faîte. Il est inaccessible.

Notre essor ne restera pas, pourtant, infructueux, sous condition que, suivant l'humble et sage conseil de saint Jean Damascène, *nous nous laissions instruire de l'insondable mystère de la Trinité par la foi et non par investigations et démonstrations rationnelles. Sinon, ce que nous prétendrions découvrir par la seule raison humaine se cacherait davantage. Croyons que Dieu est Un en trois Personnes. N'essayons pas de nous expliquer comment ! « Supra modum est ! »* Cela nous dépasse (DE HOERESIS).

Et gardons-nous de crier à l'impossible ou à l'absurde ! Car, dans la formule dogmatique : « *un seul Dieu en Trois Personnes* », notre Foi n'entend pas donner créance à cette sottise : « *un* » vaut « *trois* » et « *trois* » ce n'est qu' « *un* ». Non ! le mot « *un* » vise la nature divine, et le terme « *trois* » se rapporte aux Personnes qui la possèdent tout entière : le Père, le Fils et l'Esprit.

Mais notre foi n'en déclare pas moins catégoriquement, sans possibilité d'erreur, que l'ardeur de l'amour s'entremêle à la lumière de la pensée, au cœur de la Trinité sainte.

La pensée vient du Père et se fixe dans la personne ainsi engendrée, mais non créée, du Fils.

Et, entre le Père engendreur et le Fils par Lui constitué éternellement dans l'être, s'échange, dans l'absolue nécessité et la mutuelle conscience de leurs relations intimes un éternel et double souffle d'amour constituant depuis toujours le troisième membre de la céleste famille : le Saint-Esprit aussi personnellement distinct des deux autres que le Fils l'est du Père.

Cette sublime et sûre doctrine inspira le beau mot de saint Epiphane : *le Saint-Esprit, c'est le nœud de la Trinité. Trinitatis nexum.*

Pourquoi *le nœud ?* parce que procédant du Père et du Fils ou, plus exactement du Père par le Fils, le Saint-Esprit est la forme subsistante en quoi l'un et l'autre s'unissent dans l'embrassement d'un amour réciproque qui, plus impérieusement que les affections terrestres, exige l'union et supprime les distances.

Et cet amour que le Père, principe sans principe de la Divinité et que le Fils, image et splendeur du Père, éprouvent l'un par l'autre, cet amour possède et exerce l'indépendance absolue d'une personne distincte dans l'absolue dépendance d'une divinité commune.

Si bien que la très Sainte Trinité trouve, quoique très imparfaitement, son symbole dans le soleil éclatant et brûlant où se compénètrent, sans se confondre *le Foyer* — représentatif du Père — *le rayonnement* — représentatif du Fils, — et le Feu, — représentatif de l'Esprit — le tout formant un seul Soleil : Dieu !

Et combien les notes caractéristiques de ces trois divines Personnes, combien leurs rapports d'origine, leur ineffable parenté s'harmonisent dans la communauté de leur unique et indivisible essence en tous points complète et parfaite !

Ecoutons saint Augustin : « L''Unité *s'affirme dans le Père et en découle*

L'Egalité *s'affirme dans le Fils*

La concorde *de l'unité et de l'égalité s'affirme dans le Saint-Esprit. Et ces trois qualités d'unité, d'égalité, de concorde sont unes en tous à raison du Père,* égales *en tous à raison du Fils ;* concordantes *en tous à raison de l'Esprit.* » (*De doctr. chr., libr.*, I, ch. V.)

On comprend, après cela, que, sans nier la nécessaire intervention du Père qui est Puissance, du Fils qui est Sagesse, dans l'œuvre de la sanctification des âmes, cette œuvre soit spécialement appropriée au Saint-Esprit qui est Amour. Car l'action sanctificatrice de Dieu manifeste son ardente charité dont la flamme brûle, anéantit, dans les cœurs qui s'y abandonnent, jusqu'aux moindres scories du mal. Plus que tout autre feu celui de l'amour divin purifie !

D'où la supplique, embrasée elle aussi, que l'Eglise grande maîtresse en prière, nous fait adresser à celle des trois Personnes de la Trinité à qui elle donne ces titres chargés de tendresse et de supplications confiantes : « *Doux hôte de notre âme. Venez, ô Saint Esprit. Consolateur souverain, source vive, feu dévorant, immatérielle onction d'amour ! guérissez en nous toute maladie. Réchauffez-y toute froideur ! Redressez-y tout travers !* » (Prose : *Veni sancte*, Hymne : *Veni Creator*.)

Or, la mission de Notre Dame de Lourdes fut, précisément, de rappeler au monde le rôle sanctificateur du divin Esprit d'amour et d'exhorter les âmes à se soumettre docilement à son action. Et l'achèvement de son signe de croix devant Bernadette, geste silencieux mais sous-entendant ces paroles : « *Au Nom du Saint-Esprit !* », ne signifiait pas autre chose.

Ne l'oublions pas, en effet, à Lourdes, le soulagement partiel ou la guérison intégrale des corps ; les miracles insignes qui font se dresser, dans le frémissement de la santé reconquise, dans l'élan et le cantique triomphaux de la vie renouvelée, des malades, des infirmes, des moribonds même ayant, sur les brancards l'aspect de loques humaines ; tout cela n'est qu'un moyen, qu'une voie tendant au bien majeur des âmes appelées à devenir, de mauvaises, bonnes, et, de bonnes, meilleures.

Ici, la règle évangélique édictée par Jésus après l'accomplissement de ses prodiges : « *Je le veux, sois guéri ! Va ! les péchés te sont remis et, désormais ne pèche plus !* » (MARC., I, 41 ; LUC, V, 20 ; JOAN., VIII, 11), cette règle sanctificatrice des âmes au travers des corps libérés entre et reste en vigueur.

Aussi bien, les plus grandes merveilles de Lourdes dépassent le niveau de l'assainissement des corps rongés par la fièvre et broyés au pressoir de tant de maux.

Elles ont pour théâtre la sphère immatérielle des âmes, des esprits et des cœurs progressivement ou instantanément guéris, régénérés.

Elles mettent fin à la cécité, à la surdité, à la paralysie, à l'infection morale inhérentes au péché et dont les deux plus graves manifestations sont, soit le refus initial du premier don de la foi, soit, quand on l'a reçu, sa perte volontaire.

Mais quand, entre ces deux points extrêmes, et en passant par toute la gamme des péchés de l'esprit, du cœur et des sens, ces merveilles surnaturelles s'accomplissent; et quand elles s'épanouissent dans des âmes, non pas à convertir, mais à perfectionner, à qui donc faut-il les attribuer par appropriation ?

A la troisime Personne divine de qui l'Eglise nous fait chanter : « *Venez Esprit Créateur, Esprit vivificateur, lumière des cœurs ! visitez mon âme ! emplissez-la de la grâce d'en-haut !* » (Hymne : *Veni Creator.*)

Et la Vierge de Lourdes que, sans avoir à la purifier de la moindre souillure, l'Esprit-Saint sanctifia au point qu'Elle en devint le plus pur sanctuaire, « *Sacrarium Spiritus Sancti* ». (*Offic. B. M. V., in Sabbato ; ant. ad Benedict.*) et la très digne Epouse, la Vierge de Lourdes me fait entendre le même Nom divin, Elle m'inspire la même prière en traçant de sa main ce signe enflammé d'amour : ...*au Nom du Saint-Esprit !* »

Or, voici que son geste prend à mes yeux une signification plus précise,. Il entre dans le détail de la sanctification des âmes. Car, après nous avoir indiqué, en la personne du Saint-Esprit, l'auteur de cette œuvre d'amour, il m'en fait saisir l'action dans le don que l'adorable Paraclet fait de lui-même à ceux qu'Il sanctifie et que Notre Dame de Lourdes, par son signe de croix toujours, promet de dispenser à ceux qui recourent à Elle.

II

L'action sanctificatrice du Saint-Esprit est animée d'une intention, embrasée du feu de l'amour divin.

Tout être agit, en effet, selon ce qu'il est. Et l'Esprit-Saint, vrai Dieu est personnellement amour.

Son action s'exerce et fructifie par ses dons car, d'une part, le Saint-Esprit est essentiellement le don par excellence du Très-Haut, *Donum Dei altissimi* (Hymne. *Veni Creator*) Et, d'autre part, l'amour se donne de multiples façons.

Ainsi, cet amour substantiel du Père et du Fils s'écoule-t-il dans les Esprits et les cœurs par de nombreux canaux. Il les enrichit et les provoque à agir saintement. Et lui, le don unique puisqu'infini de Dieu, il se divise sans s'amoindrir, il s'irradie en chacun de ses dons comme en des rais de lumière et des rayons de flamme.

Quels sont les dons du Saint-Esprit ? Et combien en compte-t-on ?

Bien des siècles à l'avance, le prophète Isaïe répondit à cette question de notre catéchisme. Il énuméra ces dons sacrés, en les attribuant, d'abord, au Messie Rédempteur et ce au nombre de sept : *Sagesse, Intelligence, Science, Conseil, Force, Crainte* et *Piété.* (IS., XI, 2, 3,)

Et la doctrine catholique nous révèle leur rôle et nous indique le théâtre de leur action.

Elle nous enseigne que les dons du Saint-Esprit sont des réalités en soi permanentes, créatrices, en nous, de dispositions et d'habitudes surnaturelles. Dieu les met dans notre âme avec la grâce sanctifiante aux influences et aux motions de laquelle ils nous font correspondre, pour notre plus grand profit, avec empressement, avec souplesse et joie.

Et parce que notre sanctification par la grâce est affaire d'intelligence, de volonté, de cœur, les dons du Saint-Esprit résident et agissent, les uns dans nos facultés intellectuelles, les autres dans nos facultés affectives.

Quatre d'entre eux pénètrent notre esprit et nous y perfectionnent, à savoir : le don de sagesse par quoi nous méprisons la folie du monde ; — les dons d'intelligence et de science par lesquels nous voyons nettement notre fin dernière à poursuivre, le ciel, et le moyen d'y parvenir : la pratique de la vertu ; — le don de conseil par quoi nous solutionnons exactement nos cas de conscience et nos problèmes d'âme, soit de nous-mêmes, soit avec l'aide du prêtre qui confesse et dirige.

Trois autres dons nous pénètrent et nous perfectionnent dans notre volonté et notre cœur. Celui de force qui assure notre endurance et garantit notre triomphe dans nos luttes pour l'éternelle vie — celui de crainte qui atteint sa suprême noblesse dans l'horreur et la fuite du péché — celui de piété, enfin, qui nous fait prendre et conserver envers Dieu l'attitude et le langage d'un enfant devant son père plutôt que d'un serviteur devant son maître.

Dons admirables et combien efficaces ! Inséparables de la grâce sanctifiante, ils agissent en nous de concert avec elle. Et telles sont leur valeur, leur influence bienfaisante que, tenant le milieu entre les trois vertus théologales de foi, d'espérance et de charité, qui les surpassent en excellence, et toutes les autres vertus, ils nous aident à les faire fructifier et, comme dit saint Paul, *impriment dans notre âme le sceau de la Rédemption* (*Eph.*, IV, 30).

Ainsi se résume la doctrine relative aux dons du Saint-Esprit.

Or les faits miraculeux et le splendide « sermon de Lourdes » auxquels Marie préluda par son signe de croix en furent la magnifique justification, l'incomparable commentaire.

Dès le commencement et par la suite, tout y fut contresigné du Saint-Esprit, marqué à l'empreinte, fécondé par l'activité de ses dons.

Captez les regards, enregistrez les paroles et les actes, percez à jour, Dieu aidant, les silences, soupesez, dans sa simplicité, observez la tactique inspirée d'en-haut, analysez, enfin, l'état d'âme de Bernadette ! puis, donnez à tout cela la pierre de touche des événements accomplis, et vous devrez conclure que Lourdes, royaume de Notre Dame, « *Mère de la Foi et de la belle Dilection et de la sainte Espérance* » (*Eccli.*, XXIV, 24) est, avant tout, le royaume de l'Esprit de lumière et d'amour.

Chaque jour des dix-huit apparitions fut, pour la voyante, un jour de Pentecôte où le divin Consolateur la visita de spéciale et intime façon, où Il se fit d'exceptionnelle manière l'hôte suave de son esprit et de son cœur pour y mettre l'inépuisable réserve des pensées, des sentiments, des énergies, des paroles qui lui permettraient d'affronter victorieusement toutes les enquêtes et d'éviter les écueils semés sur sa route par la mauvaise foi.

En leur prédisant leur comparution devant les tribunaux humains, Jésus encourageait ainsi ses apôtres : « *Ne pensez alors ni au mode, ni au fond de votre réponse. Ce que vous devrez dire vous sera inspiré à l'heure même. Et l'Esprit de votre Père céleste parlera en vous afin que vous me rendiez témoignage.* » (MATTH., X, 19, 20.)

Notre Dame de Lourdes fit, sans doute, la même promesse à la faible et ignorante Enfant qui témoignerait de sa venue et de ses paroles devant les hommes.

Ce n'est point que l'Esprit-Saint ait fait monter aux lèvres de Bernadette les mots de circonstance sans agir simultanément sur son esprit pour l'éclairer, sur sa volonté pour l'enhardir, sur son cœur pour l'émouvoir.

Non ! le divin Consolateur la fit parler en connaissance de cause. Il emplissait son âme de ses dons auxquels la main de Marie ouvrit la voie.

Aussi, *quelle sagesse* que celle de cette pauvre fillette qui, tour à tour, grave et souriante, confondait l'insanité du monde, la taxant de folie ou l'accusant d'imposture.

Quelle intelligence, quelle science des choses de Dieu en cette voyante qui, ni ne se refusait, ni ne consentait à croire dès le premier moment et qui, humblement mais fermement, demandait des preuves et créait des contrôles !

Quel don de conseil, aussi, en celle qui pesait, scrutait les paroles de la mystérieuse Apparition et se pacifiait devant Elle en sondant ses regards et en analysant ses sourires !

Quelle force participée de Dieu que l'énergie morale, contrastant avec sa débilité physique, de cette enfant qui ne se démentait pas devant les menaces et les railleries de policiers et de fonctionnaires prévenus contre elle et son dire ; et que ne démontait pas davantage l'accueil d'abord sévère et les objections plutôt réfrigérantes de l'austère et prudent curé de Lourdes.

Quelle crainte surnaturelle, encore, que celle de la petite montagnarde qui promettait sincèrement de ne pas retourner à la grotte et qui tenait sa promesse si fidèlement qu'il fallait qu'une main invisible mais irrésistible la poussât vers le lieu du miracle pour qu'elle s'y rendît de nouveau.

Quelle piété, enfin, délicatement filiale que celle de cette voyante qui, selon son témoignage, quelques secondes après la première Apparition n'avait et n'eut plus jamais peur ; — qui, paisiblement, amoureusement égrenait et récitait son chapelet ; — qui tenait un cierge bénit tandis qu'un secret instinct lui faisait dire de « la Dame », au fond de son cœur brûlant d'amour est débordant de joie : « *C'est la Vierge Marie !* »

En vérité, Bernadette se trouvait sous l'empire des dons du Saint-Esprit.

Et Notre Dame, qui avait prophétisé dans l'achèvement de son signe de croix cette intervention de l'Esprit Saint, la préparait puis y aidait.

Ainsi fera-t-Elle pour nous dans la ligne d'une moindre vocation.

Recourons à Elle ! Implorons-La surtout ! Et les salutaires promesses de son signe de croix se réaliseront en nous, par son intercession médiatrice.

Cette *Fille du Père*, nous parlant en son Nom, nous maintiendra dans la glorieuse filiation adoptive où nous établit la grâce divine.

Cette *Mère du Fils*, nous prêchant en son Nom, nous fera bénéficier pour l'éternité de sa pensée et de son œuvre rédemptrices.

Cette *Epouse de l'Esprit*, nous sanctifiant en son Nom, nous aidera à conserver le gage de son amour, à exploiter ses dons et à ne jamais contrister, en Lui, le plus tendre et le plus actif des consolateurs.

VII

SA MAIN ÉGRENAIT UN CHAPELET

> *Florete flores quasi lilium et date odorem et frondete in gratiam et collaudate canticum, et benedicite Dominum in operibus suis, date nomini ejus magnificentiam.*
>
> (*Eccle.*, XXXIX, 19.)

> O fleurs du saint Rosaire dont Notre Dame de Lourdes tressa, de sa main, la couronne, hâtez-vous d'éclore pour nous blanches comme le lis. Exhalez votre parfum et changez-vous en fruits de grâce. Et, sous la brise du ciel, chantez votre cantique pour célébrer les œuvres du Seigneur et glorifier son Nom.

C'est la paraphrase plutôt que la traduction d'un texte sacré inséré dans l'Office liturgique du Rosaire.

Mais le fond n'en est pas altéré ni détourné.

Inspirons-nous-en pour tirer leçon et profit d'un des détails les plus charmants et les plus émouvants des Apparitions.

Existe-t-il un mystère où, plus qu'en celui-ci, passe et chante le souffle de la vraie poésie ?

Nous savons par Bernadette que la Reine des cieux, de sa première à sa dernière Epiphanie, portait au poignet droit un chapelet riche au point que les joailliers de la terre n'en firent jamais de pareils.

Tantôt elle en saisissait la croix et — nous l'avons vu — elle s'en signait d'un geste grave et gracieux.

Tantôt, elle en laissait les grains courir entre ses doigts.

Cependant les lèvres de la Reine du Rosaire restaient muettes, sauf à la fin de chaque dizaine, au retour du « *gloire au Père, au Fils et au Saint-Esprit.* »

La voyante, extasiée, égrenait, elle aussi, son pauvre chapelet. Elle s'inclinait, souriait, réglait sa prière sur le geste de la Vierge et répétait : « *Je vous salue Marie, pleine de grâce...* »

Elle croyait le faire à haute et intelligible voix. Mais les *Annales de Lourdes* témoignent que « *les spectateurs, avides, saisissaient les moindres mouvements de son visage et voyaient ses lèvres toujours immobiles. Les plus rapprochés de Bernadette entendaient au fond de sa gorge de petits sons argentins à peine sensibles. Elle en manifestait de l'étonnement : « Comment ne m'avez-vous pas entendue?.. je parlais si haut.* » (T. I, p. 107.)

Oh ! ce rosaire récité par la future Bienheureuse, réglé dans son allure et son cérémonial par Marie en personne !

La couronne des fleurs mariales se tressait dans les mains de Notre Dame et de son enfant privilégiée. Les « *Ave* » s'envolaient dans une atmosphère lumineuse où se fondaient et s'harmonisaient les limpides regards de l'Immaculée, le bleu du ciel, le murmure des brises pyrénéennes et la chanson ininterrompue du Gave.

Il y aurait là de quoi nous rendre jaloux de Bernadette si ces ineffables choses ne devaient profiter à notre âme. Mais elles le doivent. Cherchons-en la preuve dans le chapelet de Notre Dame de Lourdes considéré :

1° *Dans sa facture céleste.*

2° *Dans son silencieux glissement entre les doigts de Marie.*

3° *Dans l'éclosion de ses grâces et le dégagement de son parfum.*

I

Ce chapelet nous fut minutieusement décrit :

Etait-il vraiment matériel ? La liberté nous appartient de penser le contraire. Mais, si oui, il devait être façonné d'une sorte de *matière spiritualisée* analogue à celle dont saint Paul dit que notre corps ressuscité sera reconstitué. *Surget spiritale* (*I, Cor.*, xv, 44.)

Ç'eût été, d'ailleurs, un jeu pour Dieu que d'accomplir, ici, un miracle en quelque sorte symétrique de celui qui se perpétue sur l'autel eucharistique, et de donner comme pendant éloigné au prodige des apparences du pain et du vin consacrés recouvrant la seule substance réellement présente du corps et du sang de Jésus-Christ, le moindre prodige de l'aspect matériel d'un chapelet ne possédant aucune réalité d'être.

Au demeurant, apparent simplement ou réel, le chapelet devait être l'œuvre du créateur.

Le divin orfèvre avait, un jour, ciselé le diadème éternel de la Mère du Christ. Il en avait taillé et serti les diamants sans prix, limpides comme les larmes de la Vierge au Calvaire, et les rubis, écarlates comme le sang du Sauveur sur la Croix.

Il le fallait, sans doute, pour que ce présent fût digne, à la fois, du Fils et de la Mère, quand, à l'heure triomphale de l'Assomption de Marie, Jésus adresserait à la seconde d'entre les ressuscités, cette hymne de bienvenue au paradis : « *Venez, ô belle et bien-aimée colombe ! vous allez être couronnée!* » (*Cant.*, II, 10-IV, 8.)

Et le même suprême artiste dut concevoir et exécuter cet autre chef-d'œuvre de joaillerie céleste : le chapelet de Notre Dame de Lourdes.

Quelle splendeur, en effet, quelle richesse que celles de cette couronne où s'entrelaçaient les points de repère mouvants des prières constitutives du Rosaire si justement appelé « *le Psautier de Marie.* »

La chaîne et la croix étaient du plus bel or qui existe : celui extrait des mines du paradis et que nul creuset n'aurait eu à purifier. Aux yeux de Bernadette, l'or terrestre le plus riche, le plus éclatant n'eût même pas revêtu, en comparaison, la valeur et le sombre reflet du plomb.

Les grains étaient d'une blancheur auprès de laquelle le manteau soyeux des lis et les flocons de neige eussent semblé teintés de gris et dont le brillant eut éclipsé celui de la nacre et de l'ivoire du plus haut prix.

Et l'ensemble avait un aspect en même temps si réel et si aérien que notre regard, s'il l'avait saisi, s'y serait fixé en nous donnant l'illusion qu'il passait à travers.

Ce chapelet, aussi unique au monde que la Vierge qui le portait, ne donnait prise qu'au plus subtil, au moins matériel des sens de Bernadette : à sa vue.

Son sens du toucher n'aurait pu, vraisemblablement, ni en percevoir la forme, ni en sentir le poids si elle avait été admise à l'effleurer de la main, à le baiser.

Mais ce contact n'eut pas lieu. Les doigts seuls de Marie étaient dignes de tenir, d'égrener ce divin instrument de prière, de le faire vibrer comme une lyre, chanter comme un luth, et d'en faire monter comme d'un clavier, tomber comme d'une harpe, les notes successivement joyeuses, tristes et triomphantes du cantique qu'Elle préfère : le Rosaire.

Vibration !... chant !... envolée et pluie de notes ! Ce ne sont là que des images. Car Notre Dame de Lourdes ne proférait pas une seule parole dans le cours des dizaines fuyant et revenant en sa main.

Toutefois, l'image est, ici, pleine de réalité. Elle concorde avec les faits et les met en relief car ce rosaire silencieux, inarticulé, égrené par la Vierge éclatait dans l'âme de la voyante comme une hymne aux mélodies suaves, aux harmonies très riches.

La preuve en fut que les émotions les plus vives et les plus variées jaillissaient des yeux, s'imprimaient sur le visage de la petite fille agenouillée, donnant prise à de tels transports qu'un jour, au cours d'une apparition, elle parut prête à s'envoler. Si bien que sa mère, angoissée, leva au ciel ses mains jointes et ses regards éplorés et s'écria : « *Oh ! mon Dieu, ne m'enlevez pas mon enfant !* »

Tel était dans sa facture le chapelet de Notre Dame de Lourdes.

Or ses grains passaient et repassaient entre les doigts de la divine Vierge sans que celle-ci en prononçât les paroles conjointes.

Pourquoi ?

II

Le silence de Marie s'explique. Il s'imposait même.

Une vertu existe, en effet, sœur jumelle de la vérité et dont le champ d'action est aussi bien le ciel que la terre.

Son nom, dont l'étymologie nous donne précisément la vision du sol — « *humus* » — où elle se prosterne devant Dieu en confessant le néant de la créature, son nom est évocateur des plus nobles abaissements.

Saint Paul s'inspira de son âme en ces paroles : « *Qu'y a-t-il de bon en toi que tu ne l'aies reçu ? Et si tu l'as reçu, pourquoi en tirerais-tu de l'orgueil comme si tu le tenais de toi-même.* » (*I, Cor.*, IV, 7.)

C'est nous dire que cette vertu grandit en ceux qui la président, en proportion de leur élévation dans la grâce et la gloire de Dieu.

Porter sceptre et couronne n'en libère personne, pas plus là-haut qu'ici-bas.

Elle devient d'autant plus profonde que, selon la promesse évangélique, elle exalte davantage.

Elle s'avoue poussière. Mais elle est poussière d'or, à l'encontre de l'orgueil qui ne l'est que de boue.

Voilà son portrait fidèle.

Et voici son nom de baptême — oui, de baptême car elle est exclusivement chrétienne ! — *Humilité !*

La divine Mère du Christ la possédait et l'exerçait sans mesure en ce monde. C'est par elle, qu'Elle mérite l'honneur suprême — et source de tous les autres — de sa Maternité virginale sur l'Homme-

Dieu. « *Humilitate meruit, virginitate concepit* ». s'écrie un Père de l'Eglise.

Et cet honneur la scella plus fortement dans son âme d'où jaillit cette protestation : « *Voici la servante du Seigneur !* » (Luc, I, 38), et non cette autre, justifiée pourtant : « *Je suis la Mère de Dieu !* »

Et quand, au jour de l'Assomption, toutes ses grâces, tous ses mérites et privilèges, s'épanouirent dans la terre promise de l'éternité, alors son humilité monta avec Elle sur le trône que Dieu lui réservait. Et, dans la perspective de ses lointaines grandeurs terrestres, dans la contemplation et la jouissance de son exaltation presque au sommet des cieux, l'humilité entremêla aux cantiques des anges et des élus formant sa cour, l'apostrophe de l'Apôtre : « O reine du paradis, qu'avez-vous ici, de grand, de beau, de bon que vous ne l'ayez reçu de Dieu qui vous sanctifia et vous glorifia à l'excès ? »

Mais alors, comment Notre Dame de Lourdes aurait-elle pu consentir à se saluer, à se chanter Elle-même en prononçant, devant Bernadette, les paroles de la salutation angélique tandis que les grains de son chapelet couraient entre ses doigts !

Oh ! que sa main égrenât les *Ave* comprimés dans les perles célestes que retenait la chaîne d'or ? rien de mieux ni de plus juste !

Ainsi, la Reine du très saint Rosaire consacrait-elle une fois de plus, la dévotion majeure de l'Eglise envers Elle.

Ainsi stimulait-elle la voyante et, en celle-ci, toutes les âmes chrétiennes dans l'estime et la pratique de cette dévotion dont les plus belles prières vocales existantes constituent le corps et qui tient son âme de la méditation des mystères, son ressort, de l'attrait et, son mérite, de l'imitation des exemples du Christ et de sa Mère.

Ainsi prouvait-elle, d'emblée, à l'enfant surprise par sa venue et aux foules méfiantes qu'elle n'était pas le diable en personne ou sa messagère. Car le contact des grains d'un rosaire et de la croix qui s'y rattache serait aussi intolérable au démon et à ses suppôts que celui des gouttes de l'eau bénite.

L'expression proverbiale : « un diable dans un bénitier » accepterait cette variante : un diable enchaîné à un chapelet. » Les deux font exactement image et la même image de malaise, de fureur et d'impuissance sataniques.

Et c'est le dernier argument expliquant pourquoi la Vierge apparut à Lourdes porteuse d'un chapelet.

Mais Elle ne le récitait pas... sauf !...

Sauf lorsque, de dix *Ave* en dix *Ave*, le *gloire au Père, au Fils et au Saint-Esprit* survenait, précédant le *Notre Père* dont les demandes de secours et de protection morale ne convenaient pas davantage sur les lèvres de l'Immaculée intronisée au Paradis.

Oh ! à cet instant, s'abîmant dans une extase intensifiée en lumière et en flamme, la Vierge prononçait la formule si courte et si pleine de la doxologie chrétienne.

Une inflexible et douce logique l'y déterminait. En voici l'enchaînement, le nœud très serrés.

La véridique humilité redisait à Marie, non pour diminuer la taille de sa sainteté, l'éclat de sa gloire, la mesure de son bonheur, mais pour les augmenter : « Souveraine des cieux, qu'avez-vous que vous ne l'ayez reçu ? »

Et Elle répondait : « Rien de moi-même, comme toutes les créatures. »

Et la vertu des humbles ajoutait : « Or, qu'avez-vous reçu, et de qui ? »

Et Marie répliquait : « Tout dans la nature et la grâce, tout sur la terre comme au ciel, plus que toutes les créatures sans excepter le plus parfait des anges. Et ce tout qui s'éternise dans la splendeur du paradis, ce tout par quoi je suis Mère de Dieu et Mère des hommes, corédemptrice du monde, dispensatrice du salut, ce tout me vient des Trois Personnes divines et doit leur revenir.

« Gloire donc au Premier de ces Trois qui ne sont qu'Un, le Père, Principe de tout bien en moi !

« Gloire encore au Second de ces Trois, le Fils, exemplaire de tout bien en moi !

Gloire enfin au dernier de ces Trois, consécrateur de tout bien en moi !

Ainsi se terminait, dans l'élan d'une infinie gratitude, le *Gloria* que Notre Dame de Lourdes intercalait au glissement de son chapelet.

Et ce *Gloria* si plein de sens et de vérité compensait surabondamment le silence volontaire planant sur le mouvement incessant des grains correspondant aux dix *Ave*. Car la substance de la salutation angélique s'y trouvait condensée.

La Vierge y proclamait son droit à être saluée, mais aussi que ce droit lui avait été librement concédé par Dieu. Et son rosaire, très parlant jusque dans son silence, devenait le cantique parfait où Elle célébrait en Elle-même le Seigneur, son Nom, ses œuvres.

Admirons et félicitons Marie. Remercions-la !

L'*Ainsi soit-il* traditionnel qui tombait de ses lèvres à la fin de chaque dizaine se transformait en un souhait à notre adresse : souhait des grâces de salut tout embaumées du bon parfum du Christ et qui fleuriraient pour nous dans le champ du Rosaire.

III

En somme, les grains du chapelet de Notre Dame de Lourdes étaient de splendides fleurs en germe plutôt que des pierres précieuses dont la taille divine accentuait l'éclat:

Evocateurs, selon la série des mystères, des joies si pures, des sombres douleurs, des gloires rayonnantes du Christ et de sa Mère, ils symbolisaient les grâces, les mérites que nous devons cueillir dans le champ de ces joies, de ces douleurs, de ces gloires génératrices, à nos yeux, d'impérieux devoirs et d'espérances réalisables.

Car le Rosaire ne *se récite* pas seulement. *Il se médite* l'esprit s'associant en cela, comme en toute méditation de Dieu et des choses de Dieu, le cœur ému d'amour.

Et le Rosaire médité, doit *se vivre.*

Cette prière vocale se double d'un sujet d'étude et s'augmente d'un programme d'action.

Là, point ne suffit d'apprendre et de comprendre ! Il faut s'émouvoir. Point ne suffit de s'émouvoir ! il faut vouloir. Point ne suffit de vouloir, il faut agir.

La route diversement fleurie du Rosaire, après deux étapes préalables aux maisons de l'Annonciation et de la Visitation, part de la crèche et monte au Calvaire. Puis elle ne redescend aux saints sépulcres éphémères de Jésus et de Marie que pour, finalement, monter au ciel.

Et, en quelque point que ce soit de ce tracé divin, des fleurs aux multiples nuances, s'épanouissent et donnent leur parfum d'essence éternelle.

Or, il dépend de nous qu'elles éclosent et laissent s'exhaler leur arôme sur le sentier de notre propre existence parsemée de tant de périls, hérissée de tant d'obstacles ; où les joies dont nous ne saurions être complètement sevrés ne sont saines que si elles sont pures ; où nos inévitables douleurs ne sont fécondes qu'autant qu'elles s'incorporent à la Passion du Christ ; où les perspectives du paradis ne sont pas un mirage pour les yeux rayonnants de la grâce du Dieu Sauveur exactement connu, docilement obéi, ponctuellement imité.

Fasse donc le ciel que les lis du Rosaire, lis par moments rougis du sang de Jésus, fleurissent et embaument notre chrétienne existence !

A cette fin, entretenons dans notre cœur, réalisons dans nos actes la plus parfaite dévotion mariale en honneur dans la sainte Eglise. Par elle, le Seigneur accomplira en nous de grandes choses. Nous en prendrons conscience.

Loin de nous les attribuer à nous-mêmes, nous chanterons en elles les œuvres de Dieu et nous y admirerons, pour le magnifier, l'empreinte de son Nom.

Et rien ne nous stimulera dans le culte de Marie par le Rosaire autant que le souvenir du fait miraculeux dont la grotte de Lourdes fut le théâtre voilà soixante-neuf ans.

Oh ! cette Dame du Paradis égrenant le plus beau, le plus riche, le plus sacré des rosaires ; jetant un regard de complaisance et de protection sur la chétive enfant qui, à genoux devant Elle, sous sa direction, faisait glisser entre ses doigts, les petits grains de chapelet qui distillent la Foi, l'Espérance, l'Amour, la Paix de l'âme enfin !

Représentons-nous souvent ce spectacle sous l'envol des *Ave* et sous la pluie qu'ils déterminent des fleurs rosariennes changées en grâces célestes.

Puis, tombons à genoux, tenant à la main le psautier de Marie, ayant aux lèvres ses prières et, au cœur, la volonté de vivre en conséquence.

Notre Dame de Lourdes accueillera nos « *Je vous salue.* » Elle en consignera le nombre sur sa propre chaîne d'or chargée de perles en fleurs.

Elle dira et redira avec nous : *Gloire au Père, au Fils et au Saint-Esprit !* Et, prenant à sa charge nos requêtes, elle en assurera l'accès et le succès auprès de Dieu en faisant passer tout son amour dans l'*Amen* final de chaque dizaine.

VIII

SES MAINS JOINTES, LES DOIGTS ÉTENDUS, POINTAIENT VERS LE CIEL

Erat autem hujuscemodi visus manum protendentem orare pro omni populo.
(II, MACHAC., XV, 12.)

Or Notre Dame de Lourdes apparut faisant ce geste : les mains jointes tendues vers le ciel. Elle priait ainsi pour le peuple chrétien.

D'après le témoignage de Bernadette, ce fut une des attitudes les plus parlantes de Notre Dame de Lourdes et dont ses statuaires s'inspirèrent.

La Vierge, semble-t-il, ne s'en départit que pour saluer l'enfant, se signer et égrener son chapelet.

C'était sa pose habituelle.

Or, la jonction et l'élévation des mains au ciel constituent le signe extérieur d'une prière en cours d'exécution.

Prière lumineuse et ardente comme la flamme des cierges à laquelle les mains empruntent, dans ce cas, leur forme.

Prière puissamment efficace en soi ! Car le mot magnifique de Bossuet s'appuie sur des faits accomplis depuis des siècles et sans cesse renouvelés ;

« *Les mains élevées à Dieu enfoncent plus de bataillons que celles qui frappent.* »

Souvenons-nous de ce trait biblique. Moïse, envoyant Josué combattre Amalec, lui dit : « demain, quand tu engageras la lutte, je me tiendrai au sommet de la colline, le bâton de Dieu dans la main. »

Josué partit et, bientôt, la bataille commença.

Moïse était à son poste d'observation et de prière. Quand il avait les mains en l'air, Josué triomphait. Mais, s'il les abaissait, Amalec prenait le dessus. Et comme les bras de Moïse fléchissaient sous la fatigue, Aaron et Hur soutinrent ses mains, l'un à droite, l'autre à gauche. Ainsi restèrent-elles fermes jusqu'au coucher du soleil. Et Josué défit Amalec à la pointe de l'épée (*Exod.*, XVII).

L'application de cet épisode au fait de Lourdes se fait facilement. Car Lourdes, champ de combat entre la santé et la maladie, la vie et la mort corporelles, entre la grâce et le péché, Lourdes est aussi le royaume de la prière.

La Reine du ciel y prie la première, au sommet de cette colline de Dieu : la roche de Massabielle. Elle domine l'arène où les corps et les âmes luttent contre leurs maux et leurs ennemis respectifs.

Cependant, à l'encontre de celles de Moïse, ses mains levées ne réclament aucun appui. Ce sont les mains de la Mère de Dieu ! Elles pointent vers le ciel comme un instrument de médiation. Ce sont les mains de la Mère des hommes ! Et elles y font une trouée par où passent :

1° *la maternelle et royale prière de Notre Dame de Lourdes pour nous ;*

2° *les grâces que cette prière parfaite nous obtient au temporel parfois, au spirituel toujours, sauf obstacle de notre part.*

I

Il s'agit ici de la prière entendue au *sens strictement théologique* du mot c'est-à-dire, non de la prière qui loue le Seigneur à raison de ses perfections infinies ; ni de celle qui le remercie en retour de ses bienfaits ; mais de *celle qui l'implore* par manière *de demande* à raison de nos indigences auxquelles, seul, il peut subvenir et de nos détresses physiques et morales que, seul, il peut secourir, et de nos exigences vitales auxquelles, seul, il peut répondre.

Louer Dieu, Le remercier s'imposent. Mais ce n'est pas, à proprement parler, prier. C'est chanter une hymne d'enthousiasme ou d'actions de grâces et non formuler une requête. Et si le geste accompagne la parole, c'est élever les bras avec transports et non tendre humblement une main suppliante.

Car, à tout prendre, prier revient à mendier. Et la sottise et le dommage suprêmes pour une créature, seraient de s'écrier, au sujet de cette mendicité-là, à l'exemple de l'économe infidèle dont parle l'Evangile (Luc., xvi, 3) : j'en rougis. *Erubesco !*

En effet, la sublimité du terme atteint par la prière, à savoir, Dieu qui l'accueille et l'exauce, honore, ennoblit le priant.

Et ce priant miséreux se trouve honoré par surcroît quand la Mère de Dieu daigne prier deux fois pour **lui**.

Deux fois ! comprenons, d'abord, *à son intention ;* puis, *à son lieu et place,* sans qu'il cesse de prier lui-même.

C'est ce que fit, à Lourdes, la Vierge des Apparitions.

Elle pria à notre intention.

Une parole de saint Augustin s'est transformée en axiome dans le langage chrétien : « *Lex orandi, lex credendi !* » Elle signifie que nos croyances s'appuient sur les prières revêtues, surtout liturgiquement, de l'autorité de l'Eglise.

Ne pourrait-on pas dire aussi : « *Lex amandi, lex orandi* » : le devoir d'aimer engendre l'obligation de prier ? En d'autres termes : la loi de la prière est une filiale de la loi de l'amour.

Marie, Mère si aimante et secours des chrétiens ne l'ignorait pas. Et Elle pria en conséquence pour les foules de Lourdes présentes et à venir.

Il va de soi que Bernadette bénéficia la première de la prière de la Vierge.

Pourtant, dans le grandiose événement de Lourdes, dont l'ampleur déborde le temps restreint où les dix-huit Apparitions se succédèrent, Notre Dame poursuivait en un sens, plus encore le bien commun du peuple chrétien que le bien particulier d'une seule âme, fût-elle l'âme de la future bienheureuse Bernadette.

Donc, Marie, mains jointes et tendues au ciel priait pour d'innombrables multitudes humaines.

Et dans quelle ligne?

Dans celle des infortunes corporelles qu'elle voulait alléger ou détruire miraculeusement. Et dans celle des besoins spirituels des âmes soit à convertir, soit à attacher plus fortement à Dieu, à la foi qu'Il commande, à l'amour qu'Il exige, au service qu'Il requiert. Et, dans la poursuite de ce double objectif, Marie en prière justifiait ses titres de salut des infirmes et de refuge des pécheurs.

Et combien, en l'un et l'autre cas, elle priait en connaissance de cause, tandis que ses mains ouvraient à sa supplique la route des cieux !

Les pires misères des corps, les majeures détresses des âmes s'étalaient à nu, dans le champ clos de Lourdes, sous les regards de l'Immaculée.

Ses yeux saisissaient sur le vif toutes les formes du mal physique torturant, affolant ses victimes.

Son intuition maternelle, plus aiguë et plus sûre que celle déjà si pénétrante des mères d'ici-bas, lui découvrait les plaies les plus secrètes ouvertes, dans les esprits et les cœurs, par le glaive, ici blessant, là, meurtrier, du péché.

D'où, pour Elle, deux motifs impérieux et ordonnés l'un à l'autre, de prier pour les foules massées devant la grotte et d'implorer de Dieu, la guérison des corps, la conversion radicale ou l'amélioration et le progrès persévérant des âmes.

Il est vrai, la prière s'élevait vers Dieu du sein même de ces masses dont Marie avait, soit à l'époque des Apparitions, la vision actuelle, soit après, jusqu'à nos jours et au delà, la prévision exacte et détaillée.

Où prie-t-on autant et mieux qu'à Lourdes, secrètement ou en commun, par manière de murmure pieux ou de cantiques, par ces *acclamations* surtout poignantes et puissantes à faire frémir et s'apitoyer Jésus au centre de l'ostensoir d'or, quand l'indescriptible Procession du Saint-Sacrement passe au travers des brancards !

Oh ! la Prière de Lourdes ! Prière où l'on peut craindre, humainement parlant, qu'ici ou là, un dernier soupir de mourant l'interrompe ! Prière — ô contraste ! — aussi chargée d'espérance que d'angoisse, de sourires que de larmes ! Prière des martyrs de la maladie délivrés ou résignés ! Prière de pécheurs prêts à devenir des justes ! Prière de vertueux résolus à devenir des saints !

Quelle emprise elle exerce sur le Cœur de Dieu ! Elle peut être exaucée dans un sens imprévu : mais elle l'est toujours en fonction du plus grand bien des âmes.

Comment expliquer cela ? de cette façon très simple, presque évidente.

Marie trace la route et soutient l'élan de la Prière de Lourdes. Elle le fait de ses mains jointes levées au ciel et de la fine pointe de ses doigts tendus pénétrant les régions de l'au-delà afin que nos propres requêtes les y suivent.

C'est, de sa part, un geste indicateur de voie et générateur d'essor ; un geste parlant disant à nos regards, à notre esprit, à notre cœur, à notre âme : venez à ma suite avec tout le cortège de vos désirs, de vos regrets de vos promesses !

Bien plus ! sous ses yeux plus parlants encore, les mains jointes en l'air de Notre Dame de Lourdes nous disent de sa part : votre prière, je la fais mienne et la transmets à Dieu.

De vrai, Notre Dame de Lourdes formule dans son cœur les suppliques de ceux qui la prient sous les voûtes de ses sanctuaires, devant ses autels et sa statue. Elle les contresigne. Elle y imprime le sceau de son amour maternel, de sa secourable pitié. Si bien qu'à la conclusion obligée de toutes nos requêtes « *par Jésus-Christ, Notre Seigneur* », nous pourrions ajouter « *et par la Vierge Marie sa Mère et la nôtre* » !

Car, si le Christ est notre Médiateur, Il s'est associé en Elle une Médiatrice. Et Elle intervient à ce titre de deux façons, dans la Prière de Lourdes : une première fois, en adressant à Dieu ses propres intercessions pour nous ; une seconde fois en appuyant auprès de Dieu nos propres requêtes.

Cela nous explique pourquoi tant de grâces temporelles et spirituelles descendent sur les foules de Lourdes par la trouée que les mains jointes et suppliantes de Marie font au ciel.

II

Les plus marquantes de ces grâces portent l'empreinte indélébile du miracle.

Aussi le vocable donné à Notre Dame dans la capitale de la Bretagne : « *Notre Dame des Miracles !* » en souvenir d'un de ses bienfaits historiques, lui conviendrait partout.

A Lourdes plus qu'ailleurs, Elle y a droit.

Les Miracles de Lourdes, en effet, ne sauraient se nier raisonnablement. Ils fleurissent, dans le nombre réglé par Dieu, sous la main de la Vierge en prière, visiblement sur les corps et à de rares exceptions près, invisiblement dans les âmes.

On ne saurait lire l'histoire si scrupuleusement contrôlée de Lourdes, le Lourdes du temps de

Bernadette et d'après ; on ne saurait confronter les documents merveilleux qui la constituent et, notamment, les rapports établis, Dieu sait avec quelle sélection sévère, au Bureau des Constatations sans crier au miracle. Seuls n'y croient pas ceux qui, aveugles-nés ou par cécité volontaire, ont des yeux pour n'y voir pas.

Le divin panorama de l'Evangile du Christ est à vrai dire, le royaume propre du miracle, sous la nouvelle loi. Mais ses frontières s'étendent, son terrain s'élargit jusqu'à la portion précise de l'espace et du temps où la main miraculeusement active du Sauveur se retrouve en celle de ses saints et, plus particulièrement qu'en aucun autre et que partout ailleurs, à Lourdes, dans la main de sa Mère.

Pour ce qui concerne Lourdes et les faits prodigieux qui s'y multiplient depuis soixante-neuf ans, l'impiété ricane et s'exclame : « Rien, là, qui ne soit naturel et ne s'explique ! Lourdes est une clinique spéciale pour gens outrancièrement nerveux, hystériques, à demi fous. »

Que les impies et les sceptiques en fondent donc des succursales aussi fécondes en cures merveilleuses ! Mais qu'ils ne comptent ni sur notre pratique éventuelle ni sur notre réclame. Nous y serions deux fois pour nos frais : d'abord parce que la note à payer nous serait exceptionnellement onéreuse ; puis parce que le dépit nous serait plus lourd de quitter ce Lourdes de contrebande nullement guéris et moins encore résignés.

Il en va autrement du Lourdes authentique et bienfaisant. C'est le théâtre de la Prière de Marie et le Royaume des Miracles qu'Elle n'accomplit point par droit et pouvoir de nature — c'est le cas de Dieu seul — mais par délégation du Maître et Régisseur absolu, tout Puissant de la terre et du ciel.

En premier lieu, miracles corporels.

Les fleurs exclusivement divines du Miracle, en effet, naissent sous le geste de Marie joignant les mains pour prier. Celles-ci déterminent l'éclosion de ces fleurs au parterre du Paradis, puis leur pluie bienfaisante sur les corps malades et infirmes, par le sillon aérien qu'elles tracent.

Et la pluie de ces fleurs miraculeuses pénètre, régénère, guérit et, au besoin, ressuscite les âmes pécheresses. Et parce que le mieux n'est pas, ici, l'ennemi du bien, elle vivifie par surcroît les âmes déjà vivantes de la grâce divine.

Elle le fait discrètement, à la manière de la rosée du ciel dont on voit bien les gouttes dans leur éclat si pur mais nullement dans leur formation lente. Car les grâces spirituelles innombrables de Lourdes naissent presque toutes secrètement dans les esprits et les cœurs, toujours comme des fleurs surnaturelles, souvent comme des fleurs miraculeuses.

A peu de cas près, elles ne sont connues d'autrui qu'autant qu'elles sont révélées par ceux-là même qui en bénéficient, selon leur espoir ou contre leur attente ; lentement ou en coup de foudre... mais un de ces coups de foudre du Bon Dieu qui ne terrassent que pour relever, qui guérissent au lieu de tuer, et qui, sur les multiples chemins de Damas de l'incrédulité ou de l'apostasie, renouvellent l'épisode de la conversion de saint Paul et, en un clin d'œil, en un éclair de temps, transforment un mécréant en un croyant, un libertin en un chaste, un endurci en un docile, un sectaire haineux en un apôtre d'amour.

Tout cela, c'est de l'invisible et, pourtant, du connu. On ne le constate pas en tous les cas, mais on le devine en beaucoup et on l'apprend en plusieurs, abstraction faite de la documentation sur laquelle plane un sacramentel secret inviolable de droit et, en fait, toujours inviolé : celle du confessionnal.

Mais dans le cercle de la parenté, des amitiés et des rencontres providentielles où l'apostolat chrétien s'exerce, où la contagion du bon exemple et du dévouement se propage ; où la prière conjuguée de Notre Dame de Lourdes et de ses pèlerins sollicite et obtient des merveilles de grâce, là, l'évidence crie qu'à Lourdes, au-dessus de la divine clinique des corps miraculés s'étend la plus grande et non moins divine clinique des âmes qui, toutes, si elles le veulent bien, peuvent se convertir, s'il y a lieu, et toujours s'améliorer.

Oh ! la conversion, la persévérance, le progrès, la sanctification des âmes qui, sur place ou à distance du béni sanctuaire, se placent et se maintiennent sous l'influence de Notre Dame de Lourdes et qui reçoivent la pluie des grâces nécessaires ou simplement opportunes que ses mains priantes font ruisseler des hauteurs du ciel !

Qui niera, avec un semblant de raison, ces merveilles !

Il n'est personne qui ne puisse en bénéficier dans l'accroissement de la foi ; dans l'élan plus fort de l'espérance et l'ardeur grandissante de l'amour ; dans l'estime plus profonde et la pratique plus active de toute autre vertu chrétienne ; dans l'acceptation plus généreuse des sacrifices nés du devoir de la pénitence et de l'expiation, ou résultant du seul fait de vivre ; dans le goût plus accentué, enfin, de la prière passant par Marie pour atteindre Jésus.

Bénies, remerciées, soyez-vous donc, ô mains pieuses et puissantes de Notre Dame de Lourdes, qui touchez et ouvrez si bien le cœur de Dieu et notre propre cœur !

Exercez de plus en plus sur nous, pour nous, en nous, votre doux et fort apostolat de prière libératrice, protectrice et sanctificatrice !

Créez en nous, s'il le faut, un cœur nouveau !

Et si l'ancien vaut quelque chose, grâce à Dieu, à ses yeux et aux vôtres, gardez-le-Lui, gardez-le vous, gardez-le-nous !

Il n'en battra que mieux pour vous et pour votre divin Fils, inséparables ouvriers, tous deux, de notre salut et, quand il vous plaît, de miracles,

---

IX

ELLE LAISSAIT VOIR SES DEUX PIEDS NUS HORS DE SA ROBE TRAINANTE ET PORTEURS, CHACUN, D'UNE ROSE ÉPANOUIE COULEUR D'OR.

Quam pulchri sunt super montes pedes annuntiuntis et praedicantis pacem, annuntiantis bonum, praedicantis salutem !

(ISAÏE, LII, 7.)

Qu'ils sont beaux, sur la montagne de Lourdes, les pieds de cette Vierge messagère de la paix qui promet le bonheur et publie le salut !

Le récit des Apparitions de Lourdes ne pouvait manquer de portraiturer Notre Dame.

Portrait fidèle? — Oui et non !

Oui ! parce que les grandes lignes en étaient tracées, le fond en était brossé moins par le narrateur que par Bernadette en personne dont le témoignage fut intégralement recueilli, attentivement transcrit.

Non ! parce que Bernadette ravie à une sorte de troisième ciel en redescendait, comme saint Paul, incapable de décrire exactement le tout de ses visions.

Pressée de questions sur la Vierge, elle se réfugiait dans cette invariable conclusion : « *Elle était belle... belle... plus que tout !...* »

Et quand, un jour, quelqu'un, lui montrant des femmes du monde dont une élégance de bon aloi rehaussait la distinction native, lui demanda : « Etait-Elle aussi belle que ces dames ?... », l'enfant regarda celles-ci puis, comme avec pitié, s'écria : « *oh !* »

Ce « oh ! » en disait long, à savoir que la voyante contemplait une beauté, une grâce, une majesté indicibles.

Tant il apparaît que plus on s'élève vers le divin plus la capacité d'expression des lèvres s'affirme inférieure à la capacité d'impression des yeux et du cœur !

Cependant plusieurs détails très précis nous furent donnés sur l'Apparition par Bernadette, notamment ceci : Notre Dame de Lourdes laissait apercevoir ses pieds nus sortant, aux trois quarts de sa robe traînante et porteurs l'un et l'autre, d'une rose en or épanouie.

C'étaient encore deux bijoux de facture céleste. L'or admirable, infiniment précieux, était identique en richesse et en teinte à celui de la chaîne et de la croix du chapelet noué au poignet droit de la Vierge.

Emparons-nous de ce détail charmant. Nous conviendrons que ce ne fut point par souci de royale parure que la Souveraine des Cieux donna la vision de ses beaux pieds ornés ainsi. Car ils méritaient l'honneur d'être fleuris, admirés et idéalement baisés par nous.

C'est que Marie nous précéda dans la voie du

salut pour nous y entraîner à sa suite, pour nous y prêcher, nous y promettre, nous y faire goûter la paix et le bonheur.

Ses pieds y parcoururent trois étapes successives constituant le tracé de son Rosaire dont nous pouvons parler de nouveau puisque cette Dévotion est essentielle au Mystère de Lourdes.

1° *Etape de Joie.*

2° *Etape de Douleur.*

3° *Etape — éternelle celle-là — de Gloire.*

Creusons ces pensées. Nous comprendrons mieux, en les appliquant aux Pieds de Notre Dame, les paroles enthousiastes d'Isaïe, le plus grand des Prophètes, celui qui annonça, sept siècles avant sa venue, *la Vierge qui devait concevoir* (Isaie, vii, 14) : *qu'ils sont beaux, sur la montagne, les pieds de l'apôtre qui promet la paix et le bonheur et publie le salut.*

I

Etape de joie d'abord, et d'une joie présupposant la paix que les anges chantèrent sur la crèche du Christ naissant et qu'ils promirent aux âmes de bonne volonté.

Cette joie, ou plus exactement, ces joies sont celles de l'Enfance et de la croissance divines dont Bethléem fut le berceau et Nazareth le théâtre.

Pour dire vrai, ces joies avaient d'abord germé dans la maison de l'Annonciation et rayonné d'avance, le jour de la Visitation dans l'âme instantanément justifiée du Précurseur encore à naître et dans le cœur de sainte Elisabeth, sa mère!

Mais visiblement, intégralement, le sentier qu'elles parsemèrent et embaumèrent comme autant de fleurs célestes part de l'étable où Jésus naquit. Il se prolonge et tourne comme dans un cercle divin sans cesse extensible, au foyer où Jésus grandit jusqu'à la mesure parfaite de sa taille.

Marie suivit pas à pas ce sentier. Elle y porta son Fils adoré dans ses bras, puis le soutint et le guida de la main ; puis Elle le laissa utiliser de Lui-même ses forces vitales évoluant de l'enfance à l'adolescence et de l'adolescence à l'âge mûr.

Elle constituait avec Jésus et saint Joseph cette Trinité dans l'unité que fut la Sainte Famille. Elle y goûtait la paix si justement définie : la tranquillité dans l'ordre.

L'humilité de condition terrestre, la pauvreté rigoureuse, le labeur journalier productif du pain quotidien, constituaient humainement parlant, le lot de Notre Dame de Nazareth. Et dans l'acceptation généreuse des sacrifices présents, Elle prévoyait et réalisait d'avance les immolations majeures que lui réservait l'avenir.

Mais rien de cela ne la privait de la joie et de la paix et du bonheur goûtés au contact du Sauveur.

Les Béatitudes promises plus tard par Jésus sur la montagne fleurissaient dans le foyer de Nazareth et fructifiaient au cœur de la Mère de Dieu.

Là, ses pieds gravissaient les premiers contreforts de la montagne du salut : contreforts exigeant un long parcours puisque aussi bien, une montagne est plus large à la base qu'à moyenne hauteur et, ici, qu'au sommet. Elle se rétrécit et les sentiers qui ceinturent ses flancs restreignent l'étendue de leur cercle au fur et à mesure qu'elle s'élève. C'est à ce degré que son faîte prend l'aspect d'une pointe et se dénomme « un pic ».

De là le parcours prolongé qu'imposait à Marie le sentier de sa commune vie cachée avec son divin Enfant.

Mais la joie et la paix présidaient à sa marche, ses pieds ne s'y meurtrissaient à aucune pierre, ne s'ensanglantaient à aucune épine. Et voilà ce que symbolisaient d'abord à Lourdes les roses d'or qui ajoutaient leur éclat à la majeure beauté de ces pieds virginaux.

Bernadette fut admise à contempler la splendeur, à respirer l'arôme de ces roses symboliques.

D'autant qu'elle était logée, elle aussi, à telle enseigne de simplicité enfantine, d'humilité, de pauvreté qu'elle ne pouvait que plaire à la Vierge de Nazareth et que participer aux faveurs de celle qui est la Cause de notre joie, la Reine de la Paix (*Litanies*) et la dispensatrice du bonheur inhérent à la prévision et au mérite du salut éternel.

Remarquons, en effet, que la voyante de Marie la plus privilégiée au cours des siècles chrétiens et dont le seul nom évoque les Apparitions virginales les plus merveilleuses, les plus nombreuses, les plus fécondes en enseignements, en promesses, en miracles, en conséquences mondiales, ce fut une enfant.

Lourdes n'est pas un fait historique enserré, quant à l'espace, dans un cirque pyrénéen, ni, quant au temps entre ces deux dates rapprochées l'une de l'autre : 11 février-16 juillet 1858.

Non ! le fait de Lourdes intéresse, émeut, met en prière et en mouvement des milliers d'âmes dispersées sur la surface du globe. Et, par une sorte de communication de privilèges et de réversibilité des mérites, la grotte de Lourdes déborde les quelques mètres carrés où elle se dresse. Elle s'étend, par rayonnement de culte et d'influence, dans tout l'univers chrétien.

Or, tout cela est de Dieu par la Vierge Marie et, de la Vierge Marie, par une enfant.

Pour comble, cette enfant était de la plus humble naissance. L'austère pauvreté habitait son foyer familial et n'y payait son écot qu'avec le pain quotidien et peu de chose dessus ou autour. Le feu de l'âtre, deux fois nécessaire en hiver, ne s'alimentait, en cette miséreuse demeure, que du petit bois maigrelet et humide glané chaque jour par Bernadette. Piètre cueillette de bûchettes mortes ou d'écorces vides que la flamme dévorait d'autant plus vite qu'elle n'y trouvait presque rien.

Oui ! mais la petite pauvresse était pieuse, pure,, obéissante. Elle croîssait, pas bien haut en taille corporelle, grandement en sagesse comme l'humble Sœur du tout petit Jésus, sous les yeux pleins d'amour et le regard caressant de sa Mère.

Et, pour elle, la Vierge Marie fit de Lourdes un Nazareth d'abord joyeux, paisible et riche en grâces salutaires.

Cette prédestinée y vécut, à sa mesure, les Mystères de la Sainte-Enfance du Christ, y compris, quand elle sortit de l'ombre, celui de l'interrogatoire au Temple par les Docteurs de la loi : entendons, par là, la comparution de Bernadette devant les enquêteurs, les juges écclésiastiques bientôt convaincus de la prudence et de la véracité de ses réponses.

Sans doute, l'épreuve avait suivi de près, pour elle, la grâce des Apparitions et ne cesserait plus de régir sa vie mortelle.

Il le fallait bien ! Le serviteur ne doit pas être mieux traité que le maître (JOAN, XIII, 16), ni la fille plus épargnée que la mère. Or, de l'étape de la joie, Marie entra un jour en celle de la douleur. Et Bernadette, à distance, l'y suivit.

II

Longtemps avant le drame du Calvaire, un Prophète gémissait cette plainte au nom du divin Martyr à venir : « Vous tous qui passez par cette voie douloureuse, regardez et jugez, s'il est une souffrance comparable à la mienne. (THREN., I, 12.)

Les lèvres de la Vierge pouvaient à bon droit proférer les mêmes paroles quand se déroula la sanglante Passion de son Fils bien-aimé.

Alors, ses pieds quittèrent le sentier parsemé des joies de la sainte famille et dont la somme l'emportait de beaucoup sur ce qu'Elle avait dû souffrir à Bethléem, puis dans l'exil d'Egypte, puis sous le coup des prophéties du vieillard Siméon et des angoisses que lui occasionnèrent la perte et la recherche de Jésus momentanément perdu au cours du pèlerinage de Jérusalem.

Et les pieds de Marie suivirent ce sentier couvert de fleurs, lui aussi, mais de fleurs baignées de larmes et teintées de sang : la pente du Calvaire, le chemin de la Croix.

Quelle tristesse ! quelle affliction pour Elle ! *O quam tristis et afflicta !* (*Stabat Mater*), toutes deux s'expliquant par sa Maternité, tout comme les joies de Nazareth !

Relisons Bossuet :

« Comme toute la joie de la Sainte Vierge, c'est d'être la Mère de Jésus-Christ, c'est aussi de là que vient son martyre et que son amour fait son supplice... Non ! il ne faut pas armer le bras des bourreaux pour associer cette Femme aux souffrances de son Fils. C'est peu comprendre son amour que de croire qu'il ne suffit pas. Il ne faut qu'une seule croix pour son Bien aimé et pour Elle. Voulez-vous, ô Père éternel, qu'Elle soit couverte de plaies ? Conduisez-la au sommet du Calvaire et laissez ensuite agir son amour ! »

Mais, du jardin de Gethsémani au sommet du Calvaire, le chemin fut long et son âpreté alla croissant.

En quel point exact de cette voie douloureuse, de ce sillon sanglant, Marie rejoignit-Elle son pauvre divin Fils ? Très vraisemblablement au sortir de la ville, sinon du prétoire, soit qu'Elle y attendit, soit qu'Elle y atteignit le tragique cortège.

Elle le suivit pas à pas, mettant ses pieds dans l'empreinte rougie de ceux du Sauveur.

Elle alla ainsi jusqu'au lieu de la crucifixion. Et là, sous les éclaboussures d'un sang qui fut le sien, Elle entendit les dernières paroles et reçut l'ultime soupir du Dieu qui sauvait le monde et qui s'associait en cette œuvre sa Mère compâtissante.

Ne nous étonnons pas, après cela, que les pieds de Notre-Dame aient droit à notre vénération, de même que ceux du Sauveur ont droit à notre culte adorateur à raison des courses apostoliques qu'ils accomplirent, et à notre culte réparateur à raison des plaies que leur infligèrent les clous de la croix.

Des pieds blessés de Jésus, le poétique saint Bernard disait : « Contemplez-les et dites-moi si la tache de sang qu'ils portent n'y prend pas l'aspect d'une rose : « *Si florem rosae non invenias in utroque.* » (*Lib. de Passione Domini*, ch. XLI.)

Or les douleurs que Marie supporta au cours de son pèlerinage et de sa station au Calvaire ont fleuri pour Elle jusque sur ses pieds. Et l'on peut croire que c'est ce dont témoignent les roses d'or qui les ornaient quand Bernadette en eut la vision.

Ces roses miraculeuses avaient, plus que toutes autres fleurs, leur langage. Elles protestaient qu'après avoir été consacrée « Mère des Douleurs » au sommet du Golgotha et avoir publié le salut en s'associant par sa compassion à l'œuvre rédemptrice de Dieu crucifié, Marie le publiait de nouveau sur la montagne de Lourdes. Et c'est ce qui nous explique pourquoi, à la suite de la Sainte Vierge la voyante dut franchir, après une étape de joie, une étape d'épreuve.

Bernadette était déjà prédestinée à souffrir par la pauvreté de sa condition qu'aggravait la fragilité extrême de sa santé et notamment, l'asthme tenace qui la martyrisa non seulement sous son capulet montagnard, mais encore sous le voile religieux qu'elle prit et porta jusqu'à sa bienheureuse mort chez les Sœurs de Charité de Nevers.

Ce fut, d'ailleurs, sa moindre épreuve. Car elle eut à endurer une autre passion que celle du corps, et combien plus douloureuse ! la passion du cœur et de l'âme.

Elle se vit suspecter d'imposture d'abord, de folie ensuite. Il fut question de l'emprisonner comme une criminelle, de l'interner comme une démente. Loyale et sensible, elle ne pouvait qu'en souffrir.

De ce chef, Lourdes lui devenait un calvaire. Et ses allées et venues à la grotte, occasionnant les enquêtes, les menaces, les railleries officielles — un officiel laïque — se transformaient en chemin de croix.

La grotte miraculeuse, sanctifiée par la présence de la Mère de Dieu, fut déclarée, un jour, par l'autorité civile, lieu suspect et interdit. Une garde policière en ferma les abords. Quelques-unes des pieuses personnes intuitivement convaincues de la réalité des Apparitions, furent malmenées, traînées devant les tribunaux, condamnées.

Enfin, la Vierge en personne fut visée et atteinte par les coups de l'impiété administrative, puisque la grotte fut envahie, spoliée, mise à sac par les forces de police auxquelles on rêva — rien de nouveau sous le soleil ! — d'acoquiner malgré elle la noble armée.

Voilà, en raccourci, ce que Bernadette souffrit, ce qui dressa son calvaire au lieu même où Notre Dame de Lourdes lui prodigua d'exceptionnelles grâces.

En perdit-elle foi et courage? Non ! La vision de Marie la consolait, la réconfortait et la préparait secrètement à participer à la gloire éternelle dont l'éclat se reflétait sur les roses symboliques épanouies sur les pieds de l'Apparition.

III

Saint Paul estimait disproportionnées les souffrances du temps présent et la gloire à venir qui se manifestera en nous dans l'éternité (*Rom.*, VIII, 18.)

Rien de plus vrai ! Et Marie en est la preuve vivante la plus magnifique.

Quelle apothéose, quelle revanche que la céleste glorification de la Mère de Dieu ressuscitée !

Mais comprenons bien la pensée de l'apôtre, pensée si apte à soutenir notre courage et notre espoir dans l'épreuve.

La disproportion entre deux choses n'exclut pas leur relation.

Aussi, de même que les joies chrétiennes éprouvées sur la terre contiennent en germe les allégresses du ciel, de même la souffrance saintement supportée ici-bas est méritoire ou génératrice du bonheur céleste.

Jésus-Christ faisait aux siens cette promesse : « Votre tristesse se changera en joie ! » (JOAN., XVI, 20.) Il leur donnait ainsi la vision d'une germination réelle et féconde.

La semence doit se corrompre au sillon avant de se transformer en fleur puis en fruit.

C'est pourquoi il faut admettre que la Vierge Marie s'engageait déjà dans le chemin de la gloire du Paradis quand Elle franchissait les terrestres étapes des Joies de Bethléem et de Nazareth et des Douleurs du Calvaire.

Ici et là, les fleurs qui s'attachaient à ses pieds étaient, sous des aspects différents, d'essence céleste.

Leur éclat se mesurait à celui du soleil qui les dorait. Et, quoique l'un et l'autre soient œuvres de Dieu, le soleil de ce monde n'égale pas en clarté et en durée le soleil de là-haut.

Dès lors, sous les rayons inextinguibles de ce dernier, de quelle beauté se parait la Rose mystique pleinement épanouie ! Et quelle gloire illuminait le corps et l'âme de la Souveraine des Cieux : son corps par son âme ; son âme par Dieu !

Les pleurs versées par Elle au cours de son pèlerinage terrestre scintillaient à son diadème comme de purs diamants.

Et le sang qui, selon l'image de saint Bernard, avait fleuri les pieds du Christ flagellé, couronné d'épines, cloué à la croix, faisait resplendir d'éternelles roses sur les pieds de sa Mère trop près placée de son Fils crucifié, par le corps et par l'âme, pour n'avoir pas eu, la première, la plus large part à son aspersion salutaire.

Qu'ils sont donc beaux, sur la montagne pyrénéenne les pieds de cette Messagère de la Paix qui promet le bonheur et publie le salut !

Heureux ceux qui en suivent la trace dans le sentier des joies, dans le sillon des douleurs, dans le champ des gloires participées du Christ Sauveur !

Or, ce fut encore le cas de Bernadette.

Comme toute âme enrichie et surnaturellement vivante de la grâce sanctifiante, la pieuse Enfant avait, en somme, pris élan vers le Paradis dès son baptême. Et ce premier essor, inconscient d'abord, avait cessé de l'être dès le premier éveil de la raison et le premier éclair de la Foi dans son esprit.

Mais, à dater de l'époque des Apparitions, l'élan

s'accentue, l'essor s'accélère. C'est une ascension d'âme incessante dont la loi se promulgue en ces mots : toujours plus haut ! encore plus vite !

Les joies surnaturelles éprouvées facilitent les coups d'aile. Les épreuves endurées leur donnent plus de nerfs et d'ampleur.

L'Eucharistie, Pain de la vie éternelle, reçue pour la première fois tardivement, mais avec quelle ferveur après les visites de Marie modèle des communiantes, fait grandir le désir et le mérite du beau ciel du Bon Dieu en cette Enfant de Dieu.

Son cœur est comme un coin du Paradis où Dieu réside, agit, où Marie cultive les fleurs inflétrissables dont se tresse le diadème des Elus.

Puis c'est la sortie du monde et, en pleine vie, l'ensevelissement dans l'ombre lumineuse du cloître.

C'est l'existence cachée, se dépensant sans perte au service du saint Autel — Sœur Marie Bernard fut sacristine de son couvent — et auprès des malades.

C'est la lente et dure montée au Calvaire de la maladie.

C'est le martyre d'une conscience pure et, cependant, troublée, momentanément, désorientée par le scrupule.

C'est l'agonie... c'est la mort... c'est la mise au sépulcre !...

Mais ce sépulcre devient aussitôt glorieux. Car on y couche une sainte dont les Sœurs, en la mettant au suaire, pourraient baiser les pieds et chanter : « Qu'ils sont beaux ces pieds qui, à la suite de Jésus et de Marie parcoururent la route de la Paix, du Bonheur, du Salut ! »

Oh ! inclinons-nous de loin sur cette tombe ! Nous n'y ferons pas tomber en vain, pour obtenir les mêmes biens célestes, cette invocation : Bienheureuse Bernadette, aux pieds, Là-Haut, de Notre Dame de Lourdes, priez pour nous !

II

LES VÊTEMENTS DE L'APPARITION

Gaudens, gaudebo in Domino et exultabit anima mea in Deo meo quia induit me vestimento salutis et indumento justitiae circumdedit me quasi sponsam.

(Is., LXI, 10.)

Je suis ravi d'allégresse et mon cœur se réjouit en mon Dieu parce qu'il m'a revêtu comme une épouse des vêtements du salut et donné une ceinture de sainteté.

Le sujet que nous abordons nous servira de transition entre notre précédente étude des *gestes* de Notre Dame de Lourdes et celle, qui suivra, de *ses Paroles*.

De fait, les vêtements s'apparentent aux gestes de ceux qui les portent, et ce par la mobilité de leurs plis que semblent animer les brises qui les ondulent ou le vent qui les soulève. Et le geste leur doit sinon sa ligne, sa signification et son caractère essentiels, du moins sa grâce et sa force.

De plus, par le symbolisme en harmonie avec la nature des choses ou simplement conventionnel de leur forme, de leurs couleurs, de leur trame riche, modeste, ou pauvre, les vêtements sont, en un sens, des paroles expressives de sentiments ou prescriptives de devoirs.

L'habit sacerdotal, le froc religieux notamment sont une édification pour les personnes qui le voient et un programme pour celles qui s'en revêtent. Ils ne font pas le prêtre et le moine en ceux-là seuls qui méconnaissent ou méprisent leur langage et l'obligation qu'ils tracent aux appelés de Dieu de faire toujours concorder leur état d'âme avec leur mise extérieure et, si l'on peut dire ainsi, leur vie avec leur enseigne.

Or, les vêtements de Notre Dame de Lourdes furent minutieusement décrits par la voyante.

Ils consistaient, d'abord en *une robe traînante*, ensuite en *un long voile*, enfin en *une ceinture flottante*.

1° *Occupons-nous, successivement, de ces trois pièces maîtresses de ce virginal Habit considéré dans sa facture ou sa façon et dans son symbolisme. Puis,*

2° *Faisons-en, par analogie, une juste application à la personne et à la vocation religieuse de Bernadette devenue l'Epouse du Christ sous le nom de* Sœur Marie Bernard.

I

Les Annales de Lourdes rapportent en ces termes le témoignage authentique et véridique de Bernadette :

« *La Vierge avait sa robe d'une blancheur éclatante. Une coulisse la fermait en plis gracieux à la naissance du cou. Les manches étaient étroites.* (T. I, p. 104.)

Plus loin, le même document historique note que cette robe « *était traînante* ».

Quelle leçon à distance pour tant de jeunes femmes et de jeunes filles de nos jours, chrétiennes ou censées telles, aux robes descendantes de haut en bas, montantes de bas en haut, inexistantes comme manches, transparentes là où elles existent, bref quelquefois ridicules et souvent légères en tous sens !

Ces fanatiques ou ces victimes des exigences et des impudeurs de la mode gagneraient en dignité, en grâce, en beauté, en vertu surtout, si elles ne s'éloignaient pas tant, par leur mise, de Celle qui doit être, en tout, leur Mère et leur Modèle : la Reine des Cieux.

Leur dira-t-on ici : « Ayez une robe comme la sienne ! » ? Non certes ! mais oui bien : « N'en portez plus comme les vôtres ! »

Entre la perfection de la mode éternelle du ciel réalisée dans la robe de Notre Dame de Lourdes et les excès... dans leurs défauts, des modes capricieuses et tyranniques de la terre, il y a un juste milieu, une mesure de convenance et de raison où il faut se tenir. De s'y mettre et d'y rester ne déclasse personne, ni quant au temps, ni quant au rang. On suit alors la mode — on le doit ! — mais en la dominant — on le peut ! — On est de son siècle, mais sans en devenir l'esclave, la dupe.

Passons !

Donc l'Apparition portait une robe dont la qualité d'ensemble était une blancheur éclatante.

Qui donc en avait tracé le dessin et — selon l'expression technique — taillé le patron ?

Dieu sans doute, l'Artiste suprême, Lui qui vêtit les lis des champs plus splendidement que Salomon dans toute sa gloire. (Matth., vi, 28, 29.)

Et qui donc avait tissé l'étoffe de ce divin chef-d'œuvre ? Probablement les Anges, fidèles exécuteurs des volontés de Dieu.

Et avec quoi ? peut-être avec les lis immatériels éclos, pour ne s'y point faner, dans les prairies du Paradis.

Quel vêtement somptueux en sa céleste conception, dans son angélique facture et son aspect !

Il convenait à la Majesté de la Mère de Dieu redescendue sur terre et dont l'éclat devait, à la fois, s'affirmer et se voiler : s'affirmer, pour authentiquer le fait miraculeux de l'Apparition ; se voiler, pour que les pauvres yeux mortels appelés à la contempler n'en fussent pas aveuglés.

Et quelle réserve, quelle décence, quel goût de la pureté et quelle pureté de goût dans le détail de cette robe !

Eclipsant, par sa teinte d'ivoire, la blancheur du cou de l'Epouse des cantiques (*Cant.*, VII, 4) celui de la Vierge des vierges sortait discrètement du col plissé du vêtement.

La très chaste poitrine sur laquelle le tout petit Jésus reposa la tête et sommeilla restait couverte.

La robe enserrait doucement tout le corps de Marie. Elle laissait seulement deviner la courbure de sa taille et donnait libre issue à ses mains, par l'extrémité des longues manches et, à ses pieds, par le plis de la traîne.

Et tout cela convenait à l'Epouse du Saint-Esprit aussi jaloux qu'ardent et délicat dans son amour.

Car Marie, Fille du Père, Mère du Fils affirmait ici, ses divines épousailles par d'autres détails de sa mise à savoir : son voile et sa ceinture.

Les Annales de Lourdes, en effet, poursuivent en ces termes poétiques l'exacte description des vêtements de Notre Dame :

« Un voile seulement couvrait sa tête jusqu'à la ligne du front. Après en avoir suivi le contour, il coulait sur les épaules, blanc comme deux flots de lait et, enveloppant à peine les bras dans ses plis ondoyants, il descendait le long des côtés jusqu'aux talons. Une ceinture bleue enlaçait les reins, les deux bouts, passant l'un dans l'autre sans double nœud, flottaient par devant, larges et sans ornement bien au-dessous des genoux. »

Beau travail encore de conception divine et d'exécution angélique ! Et, certes, avec quel soin et quelle joie ils avaient dû tisser pour leur Reine ce voile et cette ceinture, les Anges à qui Jésus l'avait commandé en précisant : « C'est pour ma Mère ! »

Or, l'un et l'autre, voile et ceinture, étaient parlants.

Dans quel sens parlaient-ils ? En celui du symbolisme que Dieu et les hommes leur attribuent, les hommes, en cela, s'autorisant de Dieu.

Initialement, c'est par volonté divine que le voile concourt à parer une épouse.

Isaïe écrivit : Je suis ravi d'allégresse et mon cœur se réjouit en mon Dieu parce qu'Il m'a revêtu du vêtement de la mariée.

Ceci explique pourquoi le cérémonial de la prise du voile dominicain donne à la nouvelle vêtue, dans une touchante oraison, l'avant-goût des noces célestes et lui prête ce cri du cœur à l'adresse du divin Epoux : « Il a voilé mon front afin que je n'aie pas d'autre amant que Lui-même. »

Mais, quelle est donc, à l'égard de l'Amour personnifié en qui nous adorons la troisième Personne de la Trinité sainte, quelle est donc la Reine des Epouses sinon la Femme bénie entre toutes les femmes devenue la Reine des Mères en restant la Reine des Vierges.

Reine des Epouses, Elle devait porter un voile unique au monde à l'instant de ses réapparitions sur la terre, ne se rendit-Elle visible, parée de la sorte, qu'aux yeux d'une humble enfant.

Et cette enfant témoigna qu'Elle apparut ainsi vêtue.

Or, toujours au dire de Bernadette, sur la robe traînante, et sous le long voile flottant blanc comme le lait, Marie portait encore une ceinture d'un bleu plus pur, plus beau que celui du ciel de la nature par un splendide jour d'été.

Les Anges qui l'avaient tissée lui avaient communiqué la légèreté de leur aile. Car il n'était même pas besoin d'une caresse de brise pour en faire se mouvoir les extrémités ainsi qu'une flamme d'azur devant Notre Dame et à ses côtés. Leur essor se déclanchait de lui-même puis se brisait doucement à la taille de l'Immaculée. Et si vivant, si gracieux était-il que Bernadette, pendant la seconde Apparition, encore étonnée d'être seule voyante, criait à ses petites compagnes sceptiques, avec la précipitation des enfants surpris par quelque chose d'extraordinaire : « Oh ! oh ! voyez ! regardez !... sa ceinture vole ! »

Et cette ceinture azurée avait aussi son symbolisme.

Symbolisme complexe d'où jaillissait, d'une part,

la protestation de la virginité éternelle, absolue de Marie et d'autant moins incompatible avec sa Maternité que celle-ci,. étant divine, l'exigeait ; et, d'autre part, selon le sens évangélique, la protestation de l'inaltérable fidélité de la servante du Seigneur à son royal et maternel service.

Tels étaient donc, en eux-mêmes et dans leur signification mystique les vêtements de Notre Dame de Lourdes.

Reçus de Dieu et portés saintement pour Dieu, ils témoignaient, en l'Epouse du Saint-Esprit Vierge Mère du Christ, d'une vocation divine sans égale.

Et le surcroît d'ineffable pour l'Enfant qui les contemplait était qu'ils lui apportaient, cachée dans leurs plis, la grâce en germe de son appel futur aux pures épousailles de la vie religieuse.

II

A parler strictement, le bienfait majeur et la facilité supérieure de salut que la vocation religieuse implique ne se méritent pas.

Il faut, ici, se rappeler la parole de saint Paul au sujet du sacerdoce : « Tout dépend, non de celui qui court, non de celui qui veut, mais de la Miséricorde de Dieu. » (*Rom.*, IX, 16.)

Le privilège inouï de dix-huit Apparitions mariales, dont l'une se prolongea une heure durant, ne créait donc pas, pour Bernadette, un droit à l'appel au couvent.

Mais, dans le champ divinement ensemencé et cultivé des grâces les plus gratuites, ce qui ne se mérite point s'obtient souvent.

Et la voyante de la Mère devint un jour l'épouse mystique du Fils.

Quand l'idée de cet honneur effleura son esprit pour la première fois, elle dut s'y soustraire sinon la chasser, car son humilité lui montrait en un pareil honneur, plus que de l'inespéré : *de l'inespérable.*

Elle vivait alors volontairement en demi-recluse à l'hospice que tenaient à Lourdes les Sœurs de la Charité et de l'Instruction chrétienne de Nevers.

A son foyer familial et, aussi, par intermittence à Pau, à Bagnères, à Cauterets où des amies l'hébergeaient, elle avait été précédemment assaillie par d'innombrables personnes croyantes ou sceptiques qui, les premières par dévotion, les autres par curiosité, étaient avides de cueillir à sa bouche le récit, et de saisir dans ses yeux le reflet de ses visions. Les incrédules obstinés étaient réduits au silence par son dernier et irréfutable argument : « *Voilà ce que j'ai vu, ce que je sais ! Je suis chargée de vous le dire, non de vous le faire croire* » ! Paroles pleines de psychologie et de théologie ! Car, selon l'axiome chrétien, nul ne croit qu'il ne le veuille ! *Nemo credit nisi volens !*

De plus, sans assister aux solennités premières dont Lourdes fut le théâtre, car elle était malade et alitée, elle avait vu le triomphe de la cause dont elle s'affirmait le témoin.

L'Evêque de Tarbes avait rendu ce jugement définitif : « *Nous jugeons que l'Immaculée Mère de Dieu a réellement apparu à Bernadette Soubirous, les 11 février 1858 et jours suivants, au nombre de dix-huit fois, dans la grotte de Massabielle.* »

Et les âmes accouraient à Lourdes, selon l'expression des *Annales*, « *comme au rendez-vous du ciel et de la terre* ».

Et la statue de Notre Dame se dressait sur ce sol béni, œuvre d'un sculpteur lyonnais célèbre, elle l'était surtout de l'enfant qui avait si surhumainement imité devant lui, sinon égalé, l'attitude et le geste de la vision disant : « *Je suis l'Immaculée-Conception* » que le statuaire, ému jusqu'aux larmes, avouait : « Fra-Angelico, Raphaël n'ont jamais conçu ni réalisé chose aussi belle que le regard et la pose de cet Enfant, A n'en pas douter, elle a vu ce qu'elle reproduit. Et ce qu'elle reproduit est du ciel, non de la terre. »

Et Bernadette obtenait des miracles, pour la supérieure de l'hospice instantanément guérie d'une grave foulure du pied ; pour elle-même qui, administrée, sur le point de rendre l'âme, but de l'eau de la source miraculeuse et revint, sur le champ, à la santé.

Et pourtant, malgré ces merveilles dont elle bénéficiait la première, Bernadette n'eut jamais ambitionné d'elle-même, selon son humble aveu, de devenir la Sœur des Bonnes Sœurs de Nevers.

Avant la Supérieure de Lourdes, l'Evêque de Nevers, venu là en pèlerin, se fit l'instrument, le porte-parole de la Providence auprès de la future Bienheureuse.

Il l'interrogea sur ses projets d'avenir et lui dit : « Priez ! »

Finalement, l'appel divin entendu jusqu'ici comme dans un rêve le fut en réalité : dans son irrésistible force aussi, car il fut écouté et obéi.

Pour n'y plus revenir, le 4 juillet 1866, huit ans et dix jours près après la dernière Apparition, la voyante quitta le berceau de sa vie humaine : son foyer familial, et le berceau de sa gloire : Lourdes, la terre des Miracles.

La montagnarde timide, ignorante, mais intelligente, avait été dégrossie, instruite moyennement au sens humain des termes, par celles dont elle allait devenir la Sœur, revêtir l'habit et partager bientôt, comme un modèle, et non comme une élève, les travaux et la vie au Noviciat de Nevers.

Son postulat fut court : trois semaines seulement !

Il s'était ouvert, devant toute la communauté frémissante, par le récit des Apparitions dont, ensuite, l'autorité prudente ne permit plus qu'il fût question publiquement.

Les vertus religieuses s'y pratiquèrent activement. Les sacrifices s'y acceptèrent avec générosité, y compris celui permanent d'une santé toujours atteinte. Et il devait en être ainsi jusqu'à la mort.

Enfin, le 29 juillet, jour de sa vêture, Bernadette vit fructifier le germe de vocation que Notre Dame lui avait apporté dans les plis de ses vêtements en lui apparaissant.

Elle ne prononçait pas encore le serment des Epouses du Christ. L'heure seule de sa Profession religieuse lui en réservait la joie. Mais elle en recevait l'habit.

C'était — osera-t-on le dire ? — la toilette avant le contrat.

Sans doute l'habit que revêtait alors Bernadette se différenciait des vêtements de l'Apparition. Il n'avait ni la même splendide blancheur de teinte, ni la même légèreté de tissu. Et le bleu du ciel ne s'y diluait pas.

Cependant il se ramenait aux mêmes trois pièces essentielles : robe, voile et ceinture.

Et, toutes proportions gardées entre la vocation, la destinée, la gloire hors cadre de la Très Sainte Vierge et celles de la jeune Sœur Marie-Bernard, la robe, le voile, la ceinture de celle-ci participaient au symbolisme de la triple parure de Marie.

Tous trois étaient de facture divine comme la vocation supérieure dont ils témoignaient.

Tous trois commandaient le total abandon, la consécration absolue quant à son ampleur, éternelle quant à sa durée, d'un esprit, d'un cœur, d'un corps, d'une vie entière à Dieu, et ce par analogie avec le don sans réserves — mais non sans règle morale — d'une épouse à son époux.

Sur le fond sombre puisque intégralement noir de cet habit, brillaient aussi la croix et la chaîne d'un long rosaire. Celui-ci n'avait pas, il est vrai, les teintes dorées du chapelet de l'Apparition. Mais il complétait la similitude de mise entre la Vision et la voyante. Il protestait que Marie venait de mettre le comble à ses faveurs en couronnant Elle-même des fleurs d'une vocation de choix l'Enfant privilégiée de son amour, honorée de sa visite et instruite par ses paroles.

Nous reviendrons, en interprétant ses paroles virginales, sur la vie de Bernadette au Couvent de Nevers.

La nature et le cadre de notre actuel sujet ne nous permettait pas de faire autre chose, ici, que de résumer l'histoire de sa vocation et que de rappeler le fait et la signification de sa vêture.

Fasse le ciel qu'en nous lisant quelques âmes s'élèvent de l'admiration au désir de l'imitation.

L'histoire est un perpétuel recommencement. Il appartient surtout à celle des saints de se rééditer.

O Notre Dame de Lourdes, ô Bienheureuse Sœur Marie-Bernard, aidez-y de toute votre efficace et céleste influence, vous qui êtes, à des niveaux de mérite et de gloire différents, des appelées de Dieu ! Et dûssiez-vous par votre intercession, soit soutenir la générosité, soit dissiper la crainte, soit vaincre la résistance de certaines âmes et de leur entourage, dans les champs où fleurit la vocation religieuse, conduisez à Jésus-Christ les élues de son cœur, les épouses de son choix !

III

LES PAROLES DE L'APPARITION

I

« La Dame » dit à Bernadette : « Ce que j'ai à vous dire, il n'est pas nécessaire que je le mette par écrit. Faites-moi seulement la grâce de venir ici pendant quinze jours. »
(*Troisième Apparition.*)

Plusieurs détails du Mystère de Lourdes nous furent révélés dans notre étude analytique des gestes et des vêtements de l'Apparition.

Mais combien plus et mieux en serons-nous instruits par la méditation des paroles que Bernadette entendit tomber des lèvres de sa céleste Visiteuse.

Il s'agit seulement des paroles que l'enfant eut permission de nous rapporter. Car d'autres retentirent à ses oreilles, et, par ordre de la Vision, elle en garda toujours l'écho pour elle seule.

Ainsi la formule d'une prière la concernant que Marie lui apprit mot à mot et qu'elle récita depuis chaque jour de sa vie.

Ainsi encore trois secrets qu'elle conserva dans son cœur aussi hermétiquement clos que la tombe où elle les emporta.

C'est seulement au cours de sa troisième entrevue miraculeuse avec la voyante, le 13 février, que la Vierge lui parla.

Elle eût pu lui obtenir de Dieu le don instantané des langues, comme aux Apôtres, et lui faire comprendre, alors qu'elle l'ignorait presque totalement, celle de la France son royaume : *Regnum Galliae regnum Mariae.*

Mais quoi de plus apte à mettre en confiance la pauvrette que l'usage du seul dialecte qu'elle comprît et parlât couramment : le patois pyrénéen !

Quoi de plus couleur locale aussi !

Ce jour-là, une pieuse congréganiste, munie de ces armes et boucliers surnaturels : cierge saint, chapelet, eau bénite, accompagnait Bernadette à la grotte.

Elle inclinait à croire que la Dame mystérieuse n'était autre que la Présidente des Enfants de Marie morte peu auparavant et sollicitant des prières pour son âme en souffrance.

Une histoire vraie de revenant, quoi ! mais revenant du vestibule enflammé du ciel : le Purgatoire.

Aussi avait-elle tracé à Bernadette cette prudente et charitable consigne : « Dis-lui qu'elle écrive qui elle est, ce qu'elle veut, si elle a besoin de messes ou d'autre secours. Ajoute qu'on fera pour elle tout ce qu'elle pourra demander... mais à la condition qu'elle écrive. »

Bernadette, docile, prit une feuille de papier, une plume chargée d'encre et les présenta à Notre Dame en la priant d'écrire. Puis elle déclara qu'à cette offre et cette requête, respectueux mais véritable « ultimatum », la Dame rit. N'ayant pas le sens des nuances l'enfant avait voulu dire : « la Dame sourit ».

Or, ce sourire virginal préludait à ces paroles : « ce que j'ai à vous dire, il n'est pas nécessaire que je le mette par écrit. Faites-moi seulement la grâce de venir ici pendant quinze jours. »

L'intérêt pour nous sera de rechercher pourquoi de la part de la Vierge :

1° Ce refus d'écrire opposé et

2° Cette prière de revenir quinze fois adressée à Bernadette.

I

Le mot « ultimatum » se justifie au moins un peu à propos de l'écrit dûment rédigé et signé que Bernadette sollicitait de Marie, tout comme il se peut appliquer à ce que le curé Peyramale, bourru bienfaisant, disait péremptoirement à l'enfant : « Si cette Dame est celle dont tu laisses deviner le nom, je vais lui indiquer le moyen de se faire connaître. Elle apparaît au-dessus d'un rosier, d'après toi. Eh bien ! demande-lui de le faire fleurir subitement en face de la foule... »

Evidemment le bon prêtre et l'excellente congréganiste se méfiaient. Ils se retranchaient d'abord dans une neutralité ni bienveillante, ni hostile. Et nul doute qu'ils fussent partis en guerre si, à bref délai, la preuve du divin ne leur était donnée.

Marie ne la leur fournit pas *hic et nunc*. Une éclosion instantanée de roses en plein hiver ne renouvela pas le miracle obtenu jadis par la petite martyre sainte Dorothée. Et la page blanche ne se couvrit pas d'un nom et de mots invisiblement tracés. Car Bernadette, par impossible, n'eût pas réussi à ruser. Elle n'en était pas encore, en fait d'écriture, aux barres enfantines.

Pourquoi donc cette fin de non recevoir opposée par la Vision à une mise en demeure d'écrire tenant d'une sommation où germait un défi ?

Pour deux raisons, peut-être, visant, la première, toutes les âmes présentes et à venir, placées en face du fait historique de Lourdes ; la seconde, Bernadette en personne.

Quant au motif d'ordre général ou commun de ce refus, l'explication suivante vaudra sans doute.

Le fait de Lourdes, les Apparitions où il prit corps et âme, les miracles où, depuis plus d'un demi-siècle, il se survit, ne figurent pas au catalogue des dogmes définis.

Vérité historique, il ne l'est pas de foi. Et si la témérité consiste à le nier, sa négation n'implique pas l'hérésie.

Le mystère de Lourdes intéresse, néanmoins, notre foi. Il la sollicite, il la stimule. Elle doit s'y perfectionner dans des élans d'espérance, dans des ardeurs de charité, dans l'activité des œuvres vertueuses.

Or, la foi est, tout ensemble, la vertu des inévidences — il faut croire à ce qu'on ne voit pas — — et la source des certitudes les plus inébranlables — tout en voyant qu'il faut y croire. — Selon la définition lumineuse et profonde que saint Paul en donne : « argument et conviction des choses non apparentes » (HEBR., XI, 1) le visible et l'invisible s'y entrelacent : l'invisible, dans l'objet auquel l'esprit croyant adhère, le visible, dans les raisons pour lesquelles il y adhère ; l'invisible, dans ce qui est cru, et le visible dans les motifs de crédibilité.

De là résulte d'abord que la foi, loin d'exclure la

raison, l'exige. Elle la domine, mais elle se l'associe. Et l'accord parfait d'une sœur aînée et d'une sœur cadette modèles doit exister entre elles deux. Car, l'une et l'autre filles de Dieu pourraient s'écrier : *Unum patrem habemus !* (JOAN, VIII, 41) nous n'avons, en Lui, qu'un seul et même Père.

De là résulte, ensuite, que le mérite de la Foi se proportionne à l'intensité et à la durée de son épreuve et de son exercice dans la nuit des inévidences objectives auxquelles il faut qu'elle s'attache.

Or, ne serait-ce pas ce plus grand mérite de ses croyants actuels et futurs que Notre Dame de Lourdes voulut avant tout assurer en se refusant à écrire à la demande de Bernadette et à établir — eh ! mon Dieu, d'une façon par trop administrative — aux yeux de tous, son passeport du ciel en terre, qui plus est, avec son portrait, sa carte d'identité à l'appui, puisque l'Enfant la voyait et décrivait son visage radieux, ses saluts, ses sourires, ses gestes et sa mise ?

Pourquoi pas ? C'est que Marie avait devant elle la marge du temps pour se faire méritoirement deviner puis identifier. Songez donc ! dix-huit apparitions dont les dix-sept premières presque successives !

Chacune apporterait dans l'émotion progressive des cœurs, dans un rayon nouveau illuminateur des esprits, dans un détail miraculeux de plus, une pierre et un ornement de plus à l'édifice divin, à la basilique mariale que le fait de Lourdes allait devenir. Bernadette remplirait le rôle du manœuvre dans la construction lente et sûre de la croyance catholique au mystérieux événement. Et, plusieurs semaines seulement après sa première Apparition, la Vierge, se nommant, couronnerait le temple de notre foi par Elle édifié quand Elle dirait à la voyante, incapable de les imaginer et de les comprendre toute seule, ces mots clairement et pleinement révélateurs : « *Je suis l'Immaculée-Conception.* »

Tactique infiniment sage et très affirmative de l'indépendance absolue de Dieu à l'égard de ses fidèles et de ses prêtres eux-mêmes ! conduite intégralement divine et beaucoup plus favorable au mérite de notre Foi que ne lui eût été propice, alors que tout à Lourdes était encore à pied d'œuvre, cette phrase fût-elle écrite avec une plume d'or sur un riche parchemin : « Voici qui je suis, d'où je viens, ce que je veux ! Signé : Marie, Mère du Christ, Reine du Paradis. »

Ah ! l'excellent curé Peyramale pourrait bien, quelques jours plus tard, parler ainsi d'autorité à Bernadette : « Tu répondras à la Dame que le Curé de Lourdes n'a pas l'habitude de traiter avec des gens qu'il ne connaît pas, qu'avant tout il exige qu'Elle dise son nom et, de plus, qu'Elle prouve que ce nom lui appartient ! »

Marie le prévoyait et ne se refuserait pas moins, en ces termes, à se présenter d'emblée par écrit : « Ce que j'ai à vous dire, il n'est pas nécessaire que je l'écrive.. »

Et son refus s'autorisait aussi de Bernadette en personne sans que, d'ailleurs, celle-ci s'en doutât.

La voyante apprenait d'abord, en effet, qu'elle n'y perdrait rien pour attendre. Car la Vierge, continuant à parler, la convoquait d'avance à quinze autres rendez-vous. Et le vulgaire bon sens avec, en plus, l'intuition coutumière aux âmes simples et innocentes donnaient à Bernadette la conviction que l'Apparition ne demeurerait pas, à quinze reprises, silencieuse.

Mais voici davantage et par quoi l'Immaculée accédait d'une façon supérieure et plus magnifique à la demande qu'Elle paraissait rejeter.

Saint Paul disait aux premiers chrétiens : « Vous êtes la lettre du Christ, écrite, non avec de l'encre mais par l'Esprit du Dieu vivant, non sur des tables de pierre, mais sur ces tables de chair : votre cœur. » (*II, Cor.*, III, 3.)

Or, Bernadette allait devenir, aux yeux de bonne foi, la vivante lettre de Notre Dame de Lourdes. Et, loin de s'y refuser, la divine Mère de Jésus-Christ écrirait dans son esprit et dans son cœur, graverait dans son âme, une des plus belles pages de son histoire à Elle. Elle y imprimerait son Nom. Elle y consignerait ses faits et gestes, ses miracles. Elle y témoignerait de sa grandeur native dans ces mots révélateurs d'un dogme cependant soupçonné par l'univers chrétien : « Je suis l'Immaculée-Conception ! » Elle y affirmerait, enfin, sa puissance et y crierait son amour.

Tout ceci vaut d'être expliqué.

Ne l'oublions pas, sans être inintelligente, Bernadette, faute d'instruction, avait l'esprit borné ou, si l'on préfère, lié !

Son langage, se proportionnant à son maigre savoir, s'alimentait dans un vocabulaire restreint et, qui plus est, de mots patois.

Humble, elle se méfiait d'elle-même... ce qui est l'élémentaire ou fondamentale sagesse.

Impressionnable, elle devait, en des circonstances graves ou simplement critiques, sous les coups de la raillerie, de la contradiction, de la menace faite au nom de la loi, elle devait, normalement, se troubler, perdre la maîtrise de sa pensée et de sa parole, brouiller les cartes de ses souvenirs et, finalement, se couper, se contredire.

Le contraire arriva ! un contraire si accentué, si imprévu qu'il commandait cette conclusion logique : cette enfant ne parle pas d'elle-même.

De fait, la clarté, l'aisance, la précision, et, à l'occasion, la remise au point de ses réponses incomprises ou dénaturées par les magistrats civils ; son sang froid, la calme invariabilité de son témoignage jusqu'en de minimes détails ; son ton, son regard, son geste et, en tout cela, son autorité protestaient à la fois de la sincérité de son dire et de l'authenticité de ses visions.

Comment expliquer cela ? Ainsi et pas autrement. L'enfant lisait dans un livre plutôt qu'elle ne parlait de mémoire. Et ce livre, c'était son cœur. Elle y faisait la lecture des célestes choses que Notre Dame y imprimait de sa main : ses conseils, ses volontés, ses promesses.

Oh ! le beau livre ! Il contenait dix-huit chapitres portant chacun, en tête, une splendide image qui, quoique toujours la même, revêtait, aux yeux de la voyante, le renouveau incessant de ce qui est éternel : le portrait de la Reine des Cieux.

Au fur et à mesure que l'impression de ce livre se poursuivait sous la main de Marie qui en était l'auteur et le sujet, le cœur de Bernadette, véritable

« table de chair » pour parler avec saint Paul, qui la recevait se faisait plus impressionnable.

L'incomparable Poëme de Lourdes s'y inscrivait en profondeur croissante et d'inaltérable façon, sans la moindre omission de détail. Il devait toujours rester parfaitement lisible aux yeux de celle qui en était comme la reliure et la custode vivante et qui, en le publiant, parlerait en personne sans parler d'elle-même.

En vérité, Marie était en droit de dire à Bernadette : « Il n'est pas nécessaire que je mette par écrit mes paroles. » Elle eût pu ajouter : « C'est même inutile. »

Or au lieu de ce dernier mot, la vision poursuivit : « Faites-moi seulement la grâce de venir ici pendant quinze jours ! »

Pourquoi cette invitation si délicate et si pressante ?

II

On pourrait appliquer littéralement à Notre Dame de Lourdes ce texte sacré visant directement la sagesse incréée : disposant tout avec douceur, elle atteint tout avec force. (*Sapient.*, VIII, I.)

Portons attention à sa façon de procéder et de s'exprimer pour convier Bernadette à de nouvelles entrevues. Elle lui dit : « Faites-moi la grâce de venir ici pendant quinze jours ! »

D'autres récits donnent à son invitation cette variante : « Ayez la bonté... »

Mais que Marie ait employé la première ou la

seconde formule, le fond de l'une et de l'autre est identique et leur délicatesse égale.

Eh quoi ! la Vierge pleine de grâce dit à une pauvre petite fille : « Faites-moi la grâce de revenir ! »

S'estimerait-elle l'obligée, en cette terrestre rencontre, Elle qui règne au ciel ?

C'est, simultanément, à le croire et à n'y pas croire.

A le croire : à moins que les mots employés par la vision cessent d'avoir sur ses lèvres le même sens que sur les nôtres.

A n'y pas croire : car Marie, même redescendue sur la terre, continuait à dépasser, sous tous rapports, et de toute la hauteur du Paradis, cette humble montagnarde élevée même au troisième ciel de l'Extase.

Le fait, pourtant, reste certain. Les paroles : « Faites-moi la grâce... » ou « ayez la bonté... » tombèrent des lèvres de l'Apparition.

Signifiaient-elles — ainsi qu'on s'adresse à des enfants parfois — « ayez la gentillesse », ou — comme on dirait encore à une personne aimée plus avancée en âge — « donnez-moi la joie de vous revoir ? »

Il se peut. Et, dans ce cas, elles témoigneraient d'une condescendance presque infinie. Pensez donc ! la souveraine des anges et des élus, rassasiée de béatitude et de gloire beaucoup plus que les uns et les autres pris ensemble et recevant, d'une pauvre enfant, un peu plus d'honneur et de bonheur !

Imagine-t-on l'océan tributaire d'une goutte d'eau ?

Estimerons-nous que cet ineffable « Faites-moi

la grâce » avait pour but d'atténuer la confusion de Bernadette quand elle vit la Dame repousser le papier et la plume qui lui était présentés avec requête à l'appui.

C'est encore possible... si tant est que l'enfant ait été vraiment confuse du refus essuyé.

Mais, quelle que soit l'intention incorporée par Notre Dame de Lourdes dans sa formule d'invitation on ne saurait, de celle-ci, méconnaître l'extrême délicatesse.

L'autorité dérivée de Dieu y faisait passer cependant une force irrésistible.

La preuve en est que l'invitation fut acceptée à la façon d'un ordre. Elle ne pouvait point ne pas l'être.

Oh ! d'elle-même, Bernadette n'y résista jamais. Mais on la mit en demeure de n'en pas tenir compte et de ne plus retourner à la grotte, Cela revenait à la placer en face d'un vrai et très angoissant cas de conscience présupposant un conflit de pouvoirs et une opposition de devoirs. Et nous savons comment ce problème d'âme fut théoriquement et pratiquement résolu.

Voici la solution théorique digne de sainte Jeanne d'Arc. Quelqu'un demandait à Bernadette : « Si, malgré la défense que l'on t'en fait, « la Dame » t'ordonnait de te rendre encore à la grotte, comment agirais-tu ? » Et elle répliqua : « J'irais redemander la permission. »

Et voici la solution pratique où se manifeste la force souveraine de Dieu. Bernadette, sommée par ses parents de ne dévier ni à droite, ni à gauche pour aller à l'école, autrement dit, de ne pas faire le détour de la grotte, obéissait docilement.

Or, voilà que, tout à coup, une barrière invisible l'arrête net sur le droit chemin qu'elle suivait. Impossible de la franchir ou d'en doubler le cap ! L'enfant s'y essaye encore quand une puissance mystérieuse la saisit comme à bras le corps, oriente et précipite sa marche vers la grotte où elle arrive instantanément.

C'est que l'invitation de Marie se doublait d'un commandement. Et ce triple miracle eut pour but et pour effet d'en convaincre tous ceux qui, de bonne foi et au nom de l'autorité légitime interdisaient à la voyante l'accès de la grotte.

L'interdiction ne se renouvela point. Par les armes conjuguées de sa douceur et de son pouvoir, Marie avait définitivement ouvert la route et renversé les obstacles devant les pas de Bernadette afin qu'elle vînt au lieu de ses Apparitions, au rendez-vous de son cœur quinze jours durant.

Ainsi le siège de la sagesse avait-Elle atteint ses fins après avoir disposé ses moyens fortement et doucement.

L'aimable et puissante Vierge ne procède-t-Elle pas de même avec nous pour se gagner notre âme et la gagner à son divin Fils.

Ses bienfaits s'inscrivent, ses paroles s'impriment moins sous nos yeux que dans notre cœur.

Les livres matériels qui nous rapportent ses faits et gestes dans le monde surnaturel se documentent aux livres secrets des âmes où sa médiation salutaire s'exerce.

La Foi nous l'affirme. L'expérience nous le confirme.

Puisse-t-il en être toujours ainsi pour nous ! Si bien qu'à notre heure dernière notre Ange gardien berce et adoucisse notre agonie chrétienne en nous adressant l'hommage que saint Paul adressait aux premiers chrétiens : « Vous êtes la lettre du Christ... et de sa Mère ! »

A cette fin, je ne dirai pas : « faisons à Marie la grâce » mais je dirai : « assurons-nous le profit » de répondre à ses rendez-vous, d'écouter ses paroles et de lui adresser nos prières aujourd'hui, demain, toujours !

II

« Je ne vous promets pas que vous serez heureuse en ce monde, mais dans l'autre. »
(*Troisième Apparition.*)

Impossible d'en douter ! quand Bernadette entendit cette invitation : « Faites-moi la grâce de venir ici pendant quinze jours », elle l'accepta de tout cœur.

Son acquiescement prit-il la forme d'une parole, ou d'une inclinaison de tête, ou d'un simple regard ?

L'histoire ne le dit pas et son silence importe peu.

La réponse affirmative fut donnée avec joie et confiance.

La Dame était si belle ! Elle paraissait si bonne ! Sa façon de s'y prendre et de s'exprimer pour inviter l'enfant, son « *faites-moi la grâce...* » dénotaient si évidemment cette forme suprême d'honnête politesse qu'on nomme l'affabilité.

Affabilité empreinte de gravité : car celle qui en faisait preuve n'était rien de moins que la Vierge Mère de Dieu, Reine du Ciel.

Au surplus, Elle apparaissait pour la troisième fois. Elle avait donc fait déjà ses preuves de bonté condescendante et de bienveillantes intentions.

Bernadette pouvait et devait lui faire crédit sans

la moindre crainte quant au présent, sans la moindre appréhension quant à l'avenir.

Elle n'y manqua point. Et elle en fut sur le champ récompensée. Car, à peine son assentiment donné Marie reprit la parole en ces termes : « *Je ne vous promets pas que vous serez heureuse en ce monde, mais dans l'autre.* »

Ces mots qui ont la frappe d'une médaille semblent avoir, comme toute médaille, un revers : « *Je ne vous promets pas.* »

Mais il suffit de réfléchir pour les bien comprendre et pour féliciter, non sans la jalouser saintement, la voyante de les avoir entendus d'abord, puis justifiés ici-bas et là-haut.

Cherchons-en la signification et constatons-en la réalisation. A cette fin voyons comment la Bienheureuse Bernadette :

1° *Ne fut pas, humainement parlant, heureuse en ce monde et,*

2° *L'est pleinement dans l'autre.*

I

Donc « la Dame » avait dit formellement : « Je ne vous promets pas que vous serez heureuse en ce monde. »

Les historiens de Lourdes admettent, en plus grand nombre, cette variante : « Je ne vous promets pas DE VOUS RENDRE heureuse en ce monde. »

C'est que — paraît-il — ils ne traduisirent pas le mot à mot du patois pyrénéen dont se servit Marie et qu'ils ne connaissaient pas.

D'ailleurs, dans l'une et l'autre version, la vérité

du fond reste sauve et tout l'essentiel se trouve exactement exprimé.

La Vierge prophétisait que Bernadette ne serait pas heureuse sur la terre.

Qu'est-ce à dire, et pourquoi ?

Chercher une réponse à ce point d'interrogation ne peut, évidemment, que nous conduire à conclure qu'il ne faut pas prendre ni comprendre dans un sens absolu les paroles de la Vision à la voyante.

Devrions-nous penser, en effet, que dans l'hypothèse où le bonheur accompli se pourrait posséder et goûter ici-bas, Dieu n'aurait réservé à Bernadette que le malheur consommé ? Evidemment, non ! . .

Le bonheur n'est pas de ce monde! Voilà presque un axiome. La voix unanime des terrestres vivants nous le crie sans cesse sur les toits et devant les tombes. Se boucher les oreilles pour ne le pas entendre ne servirait de rien car sa protestation nous vient aussi du dedans de nous-mêmes, du fond de notre cœur.

Le bonheur n'est pas de ce monde ! Nous le soupçonnions dès notre enfance, à cet âge où, bien qu'échappant à la prévision et au souvenir précis, les chagrins ne sont pas moins réels et moins violents.

Et qui ne le constate dans le plein élan de la course et au plus fort du combat de la vie !

Par quoi donc serions nous pleinement et durablement béatifiés.

Par la richesse ? — Elle est — selon la pensée de saint Thomas d'Aquin — trop au-dessous de nous. Elle nous tient la dragée haute, il est vrai, comme on dit. Mais que de gens, pour la conquérir, l'accroître et la conserver se ravalent au-dessous d'eux-mêmes parce qu'ils ignorent ou méprisent en leurs efforts tendus vers le but, ce qui est noble, loyal et juste.

Compterions-nous pour devenir heureux et le rester sur les honneurs ? Non encore ! Ils ne donnent pas l'excellence que le vrai bonheur suppose. Ils la requièrent plutôt à moins qu'ils ne s'abâtardissent en ces honneurs de contrebande qui, tant en ceux qui les prodiguent qu'en celui qui les sollicite et les obtient, ne sont pas à base d'honneur au singulier.

Compterions-nous sur la gloire ou sur ce, qui, en notre siècle de pacotille égalitaire, en est si souvent la caricature : la réputation. Ni l'une ni l'autre n'empêchent personne de courir à la tombe et d'y trébucher.

Compterions-nous sur la santé, si appréciable puisqu'elle est le facteur premier du travail et du succès ? Mais elle se perd peu à peu ou tout à coup. Et, la conservât-on jusqu'à cent ans d'âge, on meurt alors d'un accident banal et cependant tragique.

L'autorité alors, exercée sur les autres ? Elle ne rend pas heureux celui qui en use, moins encore celui qui en abuse. Car ce dernier, dégénéré en autoritaire, tourne vite au tyran. Il nuit aux choses comme aux hommes. Il justifie le mot réfléchi et vécu — et qui en dit si long ! — de la si grande Petite Sœur Thérèse de l'Enfant Jésus : « L'autorité n'est bienfaisante et efficace qu'autant que lorsqu'elle s'exerce, on sent qu'il lui en coûte. »

L'ouvrier du bonheur serait-il alors le plaisir ? Arme à deux tranchants que la réalité recouverte par ce mot ! En certains cas, on s'y blase, on s'y use, on s'y avilit. Le bonheur requiert la stabilité. Et, par définition, l'ivresse s'évanouit.

Ne discutons pas davantage dans le grand jour de l'évidence ! Les portes ouvertes ne s'enfoncent pas. Et il saute aux yeux qu'aucune relation de cause à effet n'existe entre, d'une part, la richesse, les honneurs, la santé, la gloire, le pouvoir, les plaisirs et, d'autre part, le bonheur.

La Vierge Marie ne pouvait promettre tout cela, pour la béatifier ici-bas à Bernadette qui, d'ailleurs, à la table de ces faux biens toujours périssables et souvent corrupteurs, ne fut même pas servie à la portion congrue. Elle était pauvre, malade, comptée pour rien.

Mais beaucoup d'enfants de l'humanité ne sont pas éprouvés seulement dans leur personne et dans leur vie par la privation partielle ou totale des biens de ce monde y compris les biens légitimes et les nécessaires.

Ils le sont dans leur esprit, dans leur cœur, dans leur âme. Ils tombent sous le coup de la contradiction et du mépris injustifiés.

D'autres pâtissent dans leur conscience droite, bonne et, cependant, troublée par l'indécision, l'angoisse avant d'agir et le scrupule après.

D'autres, enfin, ont à souffrir, non pas uniquement des méchants, ce qui est normal, mais de la part des bons ce qui est trop mystérieux pour ne pas nous étonner, trop fréquent pour n'y pas voir une permission spéciale de Dieu en vue de la sanctification des âmes d'élite.

Dans une certaine mesure, Bernadette petite fille devenue plus tard Sœur Marie Bernard endura ces épreuves. Et, sûrement, la consolation et le réconfort lui vinrent du souvenir de la prophétie mariale qui la visait : « Je ne vous promets pas que vous serez heureuse en ce monde. »

Une âme prévenue en vaut deux.

Serait-ce que la terre lui fut un séjour de malheur absolu et, sans restriction aucune, « une vallée de larmes », selon l'expression si vraie et si touchante du *Salve Regina ?*

Eh, bien, non ! De ce que Notre Dame de Lourdes n'ait pas promis à son enfant privilégiée le bonheur parfait savouré ici-bas, il ne s'ensuit pas qu'elle lui ait annoncé le pire et que le malheur consommé ait été le triste lot de la pauvre Bernadette.

L'expression proverbiale : « le bonheur n'est pas de ce monde » ne nous commande pas un désespérant pessimisme. Son vrai sens est celui-ci : la terre n'enfante pas le bonheur ; mais elle ne l'exclut pas absolument.

Elle ne l'enfante pas ! Si donc nous le cherchons dans la poursuite de joies, d'ambitions, de réalités exclusivement humaines, nous en sommes pour nos frais de recherche.

Elle ne l'exclut pas absolument ! Car nous pouvons le recevoir en germe du ciel.

Nous sommes, en effet, les semeurs d'une éternité qui se définit d'un mot : *la Béatitude* et dont nous devons éprouver l'avant-goût. L'avant-goût ! c'est-à-dire quelque chose d'initial, d'imparfait mais quelque chose de réel, analogue aux prémices de joie que le semeur ressent quand il prévoit la moisson dans le bon grain qu'il jette.

Et ceci béatifie vraiment ! Car ceci implique les bienfaits inhérents à la grâce de Dieu possédée en tant qu'elle est constitutive d'état — (grâce habituelle ou sanctifiante), — et obéie en tant qu'elle est excitatrice et directrice d'actions — (grâce actuelle).

Ceci implique encore les joies presque divines d'une conscience qui indique le bien à faire, puis témoigne du bien accompli ; les joies d'une volonté qui a rompu avec le mal du péché et s'enchaîne sans s'asservir, à la vertu ; les joies d'un cœur surnaturalisé au point de savourer les béatitudes promises par Jésus ; celles des larmes courageuses et fécondes et de la persécution subie pour la justice ; les joies, enfin, d'une âme qui, fût-elle ensevelie sous les décombres de tous les cataclysmes de la terre, saurait y faire une trouée et n'en apercevrait pas moins le ciel que Dieu lui réserve.

Or Bernadette ne fut jamais sevrée de ce bonheur initial mais toujours grandissant et nullement incompatible avec les épreuves terrestres. Elle en jouit à Lourdes, sous son humble capulet et s'en nourrit comme du fruit immanquable de la vie chrétienne fidèlement vécue.

Elle en jouit davantage à Nevers sous ses voiles successifs de postulante, de novice, de professe. Car la vie religieuse, perfection de la vie chrétienne, est plus enrichie encore de grâces et de mérites.

Aussi bien, la parole que lui adressa Notre Dame de Lourdes ; « Je ne vous promets pas que vous serez heureuse en ce monde », contenait ce sous-entendu ; « heureuse du bonheur tel que le conçoit et le poursuit le monde. ».

Faux et parfois mortel bonheur que ce dernier car il engendre la désaffection et peut occasionner la perte de la grâce divine méritoire du seul vrai bonheur ; celui qu'on goûte en Dieu. D'où la parole terrible du Père Lacordaire ; « Plus j'étudie les gens heureux, plus je suis effrayé de leur incapacité divine » autrement dit, de leur inaptitude à l'intelligence, au désir, à l'estime pratique des choses surnaturelles.

Ce ne fut point le cas de Bernadette. Voilà pourquoi la Vierge ajouta à ses premières paroles celles-ci : « ...Mais vous serez heureuse dans l'autre. » Elle disait vrai.

II

Un des instincts les plus indéracinables ancrés par Dieu au cœur de l'homme est, sans conteste, celui du bonheur.

Personne ne le méconnaît et n'y résiste.

D'aucuns se trompent sur le vrai bonheur et sur les moyens d'y parvenir. Ils en poursuivent un illusoire, quitte à courir à l'amère déception et à s'avouer affreusement malheureux au terme et, quelquefois, dans le cours de leur recherche.

Mais nul ne vit qui ne tende à ce but : être heureux à jamais.

Il n'est pas jusqu'à ceux qui se privent de la vie volontairement qui ne prouvent tragiquement, ainsi, la prédominance, en eux, de l'instinct du bonheur et ce en demandant à la mort leur délivrance d'un malheur qu'à tort ou à raison ils estiment humainement irréparable. Et cette dramatique preuve, par argument contraire, n'est pas la moins probante.

Or, nous l'avons vu, le monde n'est pas la source ni même le canal du bonheur véritable qui se possède pleinement et ne se perd pas. Il n'offre à l'appétit d'hommes mortels que des biens périssables. Double cause de malheur !

En revanche, dans la partie du monde régénérée par la mort et la grâce du Christ, le vrai bonheur se découvre, se mérite et s'acquiert. Il *s'avant-goûte* dans le cours d'une vie persévéramment chrétienne. Et il s'obtient intégralement, pour ne se jamais perdre quand nullement détruite par la mort corporelle, cette vie se transforme, là-haut, en vie éternelle. *Vita mutatur non tollitur (Praef., defunct.).*

Concluons que le bonheur qui est essentiellement chose d'âme se confond, dans sa perfection, avec la perpétuelle et plénière possession de Dieu contemplé et aimé dans son beau Paradis.

Voilà le seul bonheur qui compte parce que le seul qui existe et demeure. Et c'est celui que la Vierge de Lourdes promit à la voyante.

Les promesses de la Mère de Dieu sont, comme celles de Dieu, à réalisation certaine sous condition qu'elles ne soient pas sans clauses ou que les clauses, si elles en ont, en soient respectées, accomplies par les âmes à qui elles s'adressent.

Il ne semble pas qu'une réserve ait été apportée par Marie à son dire — en dehors d'un précepte implicite de fidélité à toute épreuve — quand Elle s'adressa ainsi à Bernadette : « Je ne vous promets pas que vous serez heureuse en ce monde, mais dans l'autre. »

La Reine des prédestinés allait et parlait à coup sûr avec cette enfant prédestinée. Elle en lisait l'humble nom inscrit sur le Livre de vie (*Apoc.*, xx, 12-v, 1) au Palmarès des Elus. Et la promesse virginale s'est accomplie au profit de Bernadette, d'abord dans la ligue essentielle du salut éternel obtenu, puis dans cette mesure surabondante de salut éternel qui implique pour Bernadette, sa mise officielle aux rangs des âmes béatifiées par l'Eglise infaillible, son élévation sur nos autels.

Quel bonheur pour la voyante de Notre Dame !

L'essentiel — à quoi nous sommes tous appelés — c'est qu'elle soit en Paradis. Car l'élément nécessaire et suffisant de la céleste béatitude consiste en la vision de Dieu : vision dite, pour ce motif, *béatifique* ; vision génératrice d'un amour et d'une allégresse qui s'alimentent à la source de la beauté et de la bonté infinies de l'Etre adorable contemplé face à face, dans toute sa splendeur, goûté dans ses bienfaits.

Oh ! ce bonheur essentiel, la dernière des âmes introduites dans la terre promise de l'éternité, en jouit.

Elle en jouit pleinement, car elle en est comblée : et s'il y a au-dessus d'elle, des âmes qui en jouissent davantage, c'est que sa capacité n'égale pas la leur.

Ainsi s'explique la parole du Christ : « Il y a plusieurs demeures dans la maison de mon Père (JOAN., XIV, 2), divine affirmation de la hiérarchie des Elus fondée sur la hiérarchie des mérites et nous donnant dans la perspective du Paradis, celle d'un splendide palais à étages.

En ce sens, on peut sans énoncer de contradictions, affirmer que Bernadette, tout ensemble, est et n'est pas logée à plus belle enseigne de béatitude, au ciel, que n'importe quel autre élu.

Elle n'y est pas : car, de cet autre élu, l'âme est aussi réellement que la sienne, emplie jusqu'au bord, de gloire et de félicité.

Elle y est : parce que, si également pleines que soient d'un parfum précieux et délicieux deux urnes de grand prix mais d'inégales contenances, il apparaît clairement que la plus grande en contient davantage.

Or, en conformité avec la parole d'un Psaume (*Ps.*, CXVIII, 32) l'âme de Bernadette se dilata ici-bas, dans la voie des commandements et des conseils divins. Quelle dose de bonheur ne s'est-elle donc pas méritée ainsi pour là-haut !

A cette félicité essentielle s'ajoutent pour elle la gloire et la béatitude que Dieu accorde à une minorité d'élus.

Le nom de Bernadette resplendit en lettres d'or au catalogue des Saints honorés et implorés par l'Eglise.

L'humble petite fille de Lourdes, la plus humble Sœur de Nevers est, entre la Sœur Thérèse de l'Enfant Jésus et le curé d'Ars, une de ces mortes toujours vivantes et toujours parlantes dont le tombeau se transforma le plus rapidement en autel.

Les fleurs du miracle qui couronnaient son front naissent maintenant dans sa main. Et l'on peut espérer que leur gerbe sera bientôt assez grande et splendide pour que, à ce cri expressif de son bonheur et de sa puissance céleste : « Bienheureuse Bernadette, priez pour nous ! » succède, sur nos lèvres, cette autre invocation plus riche en gloire : « Sainte Bernadette, intercédez pour nous ! »

Bernadette le sait bien. Les Saints n'ignorent pas

quand on les prie. Institués par Dieu qui les sanctifia et qui les béatifie, médiateurs secondaires entre Lui et nous, ils perçoivent, ils exaucent nos requêtes.

Ils le font avec d'autant plus de cœur que nos épreuves, nos périls, et pour certains, nos fautes furent les leurs.

L'Apocalypse nous dit qu'ils sont entrés au ciel venant de la grande tribulation terrestre avec laquelle nous resterons aux prises jusqu'à notre dernier souffle.

La Bienheureuse Bernadette expérimenta donc ce qu'il en coûte de vivre en un monde où le parfait bonheur ne nous est pas promis parce qu'il n'y est point possible.

Ah ! prions-la de nous aider à vivre à son exemple pour avoir part à l'ineffable promesse de Notre Dame de Lourdes : « Vous serez heureux pleinement et toujours dans le ciel éternel. »

III

« Vous prierez Dieu pour les pécheurs. »
(*Sixième Apparition.*)

« Pénitence !... Pénitence !... Pénitence ! »
(*Huitième Apparition.*)

« Vous baiserez la terre pour la conversion des pécheurs. »
(*Dixième Apparition.*)

La quinzaine bénie, ouverte le 18 février par l'invitation de la Vierge à Bernadette, s'écoulait.

Les Apparitions s'y succédaient. Elles s'y égrenaient comme un Rosaire où la tristesse se mêlerait bientôt à la joie et l'austérité à la douceur.

La dernière parole de la Vision : « *Je ne vous promets pas que vous serez heureuse en ce monde* » avait préparé la voyante à des demandes puis des injonctions sévères. Et, en les entendant, mais surtout en voyant s'assombrir le regard et les sourires de Notre Dame, l'enfant donnerait à la foule le poignant spectacle de ses angoisses et de ses larmes.

Oui! le fait progressif de Lourdes se transformait en un Rosaire. Et la série des douloureux mystères s'ouvrait.

Par trois fois, à savoir au cours des sixième, huitième et dixième Apparitions, Marie adressa à Bernadette les paroles suivantes et trop étroitement connexes pour qu'il ne convienne pas de les grouper en un seul sujet de méditation.

1° *Vous prierez pour les pécheurs.*

2° *Pénitence ! Pénitence ! Pénitence !*

3° *Vous baiserez la terre pour leur conversion.*

Arrêtons-nous à chacune de ces paroles. Nous y trouverons l'indication de nos propres devoirs.

I

Même aux yeux de Dieu et de sa sainte Mère, le bien commun l'emporte — sans l'exclure — sur le bien particulier.

C'est là une règle de suprême sagesse, un principe premier que nul ne doit ignorer en théorie ni violer en pratique.

Il en résulte — et les faits le confirment — que si Notre Dame de Lourdes apparut à Bernadette et lui parla, ce fut moins en vue du bien individuel de l'angélique enfant qu'en vue du bien, en un sens supérieur, de l'humanité tout entière.

Bernadette n'y pouvait rien perdre. Son commerce intime avec la Belle Dame du Paradis, les paroles qu'elle en reçut, les sourires qu'elle cueillit à ses lèvres virginales et maternelles, bref, les aides surnaturelles qui lui en vinrent concoururent divinement, non seulement à son salut éternel pur et simple, mais encore à la rédemption plus haute et plus belle, à la gloire plus éclatante que sa béatification solennelle implique.

De plus, sur le terrain fécond du Mystère de Lourdes, dans ce champ fertile en miracles, Bernadette, cette rachetée privilégiée du ciel, devint et demeure l'instrument du rachat, l'apôtre du salut d'âmes innombrables.

Certes, en ce sens complexe, elle bénéficia la première et plus que personne autre, des Apparitions mariales. Mais celles-ci dans un autre sens, eurent lieu plutôt pour nous que pour elle. Car Marie en fit son intermédiaire pour aller à l'humanité tout entière instruite de sa venue, de ses prodiges et de ses volontés expressives de celles de Dieu.

Or, qu'est-ce que l'humanité prise en bloc ? Saint Augustin répond : *une masse de perdition.* Aussi, la Vierge de Lourdes, en apparaissant, sinon à nous, du moins pour nous, eût pu autoriser des paroles de son Fils, Sauveur du monde, sa descente du ciel : *Je suis venu sur la terre pour les pécheurs, non pour les justes.* (Luc, v, 32.)

Et ceci nous explique l'incident survenu, les mots prononcés, le 21 février, au cours de la sixième Apparition.

Notre Dame regardait — avec quelle complaisance ! — Bernadette et lui faisait entendre, sans proférer le moindre bruit, des paroles secrètes. Tout à coup ses yeux brillèrent du sombre feu de la tristesse. Ses regards se portèrent, au loin, sur la foule. Et cette phrase tomba de ses lèvres sur la voyante agenouillée : « *Priez pour les pécheurs !* »

La demande se doublait d'un ordre où passait l'accent d'une supplique. Qui sait, même, si le *Refuge des pécheurs* n'avait pas, en le formulant des tremblements dans la voix, des sanglots dans la gorge.

Une émotion profonde, visible à tous, étreignit

aussitôt Bernadette. Les larmes ruisselèrent sur ses joues.

Aussi, dans la suite de son existence, avec quelle façon douloureuse répétait-elle parfois : « *Oh ! les pécheurs ! les pécheurs !* »

C'est qu'il y a tant de pécheurs ! Beaucoup marchent, le sourire aux lèvres, vers le pire des malheurs : la damnation. Une fois dans la voie qui conduit à l'abîme, plusieurs n'en sortent plus. Finalement, ils tombent et sombrent dans ce que saint Jean appelle tragiquement, « *la seconde mort, l'étang de feu* ». (*Apoc.*, xx, 14.)

La Vierge avait la vision de ce drame. Elle en comptait, à ne s'y point tromper, les acteurs, les victimes.

Bernadette, auprès d'Elle et par Elle, en acquérait le soupçon plus net, l'intuition plus claire et plus vive. Elle s'en émotionnait au point de subir un vrai martyre d'âme dont son corps tressaillait.

Oh ! avec quelle insistance et quelle instance elle transmit à la foule l'ordre de Marie : priez pour les pécheurs ! Et avec quelle persévérance et quelle énergie elle s'y soumit soi-même ! Cette prière libératrice de tant d'âmes en danger de perdition devint sa règle, sa dévotion, son apostolat et le resta jusqu'au dernier éclair de sa pensée, jusqu'au dernier battement de son cœur.

Mettons-nous à son école. Le précepte de la prière pour les pécheurs tient de la volonté divine un caractère d'universalité. Et son accomplissement est de perpétuelle actualité. Les besoins, les détresses d'âme qui le motivent se constatent partout. Et combien davantage doivent-ils nous émouvoir si nous en avons la vision ou le soupçon fondé parmi nos parents et nos amis !

Il est d'un noble cœur de ne les pas mépriser et d'y subvenir en priant à l'exemple de Bernadette.

Mais cette Fille de Dieu ne s'en tint point là. Car la Vierge avait dit, au cours d'une de ses Apparitions ultérieures, celle du 24 février : « *Pénitence !... Pénitence !... Pénitence !* »

II

L'antique et génial géomètre, Archimède, se flattait de pouvoir soulever le monde avec un levier et un point d'appui.

Or le monde, masse de perdition avec son poids de mort, doit être mieux que soulevé : relevé.

Le levier susceptible de son relèvement existe : c'est la prière. Mais il lui faut ce point d'appui : la Pénitence.

La Vierge Marie, pénétrée de la Doctrine prêchée par son Fils, le divin Rédempteur, sur la pente des monts et au bord des lacs palestiniens, la Vierge Marie, *Reine des Apôtres et Mère de Miséricorde*, ne pouvait ignorer cela et le passer sous silence. C'est pourquoi, après avoir pressé Bernadette de prier pour la conversion des âmes pécheresses, Elle lui lança par trois fois, ce mot d'ordre : « Pénitence !... Pénitence !... Pénitence !... » avec mission de nous le transmettre.

A dire vrai, entre cette nouvelle et rigide consigne et celle, plus douce, de la prière pour les pécheurs, trois jours s'écoulèrent et une Apparition eut lieu où la Vision ne parla à la voyante que pour lui confier d'inviolables secrets.

C'était alors le 23 février. Mais, dès le lendemain, le devoir rigoureux de la Pénitence au profit des pécheurs fut rappelé à trois reprises. Rappelé, oui. Car la loi de la pénitence avait été solennellement promulguée, sous l'Ancien Testament expirant en se soudant au Nouveau, par l'austère précurseur du Christ. Et le Christ en personne ne tarda pas à consacrer ce que Jean-Baptiste prêchait et pratiquait en ce point.

Aussi, ce précepte de pénitence en s'adressant directement à Bernadette, nous atteignait nous-mêmes.

Objectera-t-on que Bernadette était une bonne petite fille très simple et très pure, pieuse à rendre jaloux les anges et obéissante à désespérer le démon? Dès sa plus tendre enfance, elle éprouvait et entretenait dans son cœur l'insurmontable horreur du péché. Elle la conserva sous le voile. Une de ses compagnes, au Noviciat, témoignait en ces termes de sa haute et solide vertu : « Je ne l'ai jamais vue rien faire, entendue rien dire qui ne fût un sujet d'édification. Aussi, je la prie et je la regarde comme une sainte. »

Comme elle portait vraiment l'empreinte de la sainteté, celle à qui la vue des pommes déplaisait parce que, disait-elle — et ce n'était pas une boutade, — elles lui rappelaient le péché originel ; celle encore qui, au sortir d'un sermon où le prédicateur affirmait qu'un péché n'est réel qu'autant que volontaire, s'écriait : « *Oh ! que cette instruc-*

tion m'a rendue heureuse ! Je ne me souviens pas avoir voulu, dans ma vie, commettre de péché. Donc je n'en ai pas commis. »

Mais alors qu'avait-elle à faire de la Pénitence !

Or, elle fit pénitence dans la généreuse acceptation de ses souffrances physiques et morales ; dans la recherche courageuse de sacrifices qui ne fussent pas venus d'eux-mêmes à elle ; dans la mise en pratique de son héroïque résolution d'accomplir toujours ce qui lui coûterait le plus... et c'est tout dire.

Ah ! c'est que l'humble Bernadette se savait, se sentait fille d'Adam et d'Eve. Elle reconnaissait dans la vertu de pénitence un remède préservatif autant que curatif, une arme à deux tranchants par laquelle on se garde du mal, quand on n'a pas à s'en libérer, tout aussi bien qu'on s'en libère quand on n'a pas su s'en garder.

Et puis, avec la logique impeccable d'une vertu simple et loyale, la voyante de Lourdes se rappelait sans cesse les deux paroles de Notre Dame : « Priez pour les pécheurs !... » — « Pénitence !... Pénitence ! » Elle soupçonnait que l'une appelait l'autre et que la pénitence offerte à Dieu pour le salut des pécheurs sert de point d'appui à la prière faite à leur intention et en obtient l'efficacité. Elle ne doutait pas que, par un prodige de grâce analogue à celui de la réversibilité des mérites, les bons qui expient pour les mauvais leur attirent le bienfait de la conversion, le bénéfice du pardon.

Au surplus, toute la théorie de la Rédemption se résume en cela. Et si elle ne se réalise à la lettre que dans le Christ souffrant et mourant pour nous racheter, elle se vérifie grâce à Lui, partiellement et dans la mesure qu'Il décrète, en ses saints et dans les âmes justes qui prient et font pénitence pour le salut des pécheurs.

Efforçons-nous d'être de ces âmes et, sur le terrain ardu de la pénitence chrétienne, non moins que dans le temps de la prière, prenons Bernadette pour modèle.

Prier pour tous les pécheurs, prier surtout pour ceux de nous connus, c'est bien.

Mais il y a un mieux qui ne saurait être l'ennemi de ce bien-là ! C'est expier et souffrir aux mêmes intentions.

Se rattacher soi-même ou payer la rançon d'autrui revient à solder une dette à bons deniers comptants. Et, ici, ces deniers sont les pleurs qui se répandent, le sang qui se verse dans le champ épineux et fertile de la pénitence.

Ce champ est de terre sainte. Entrons-y et, par moments, y tombant à genoux, baisons-en le sol. La troisième recommandation de Notre Dame de Lourdes à la sainte voyante nous presse de le faire.

III

C'était le 28 février ! un vendredi, jour consacré au souvenir de la Passion sanglante du divin Martyr de qui nous chantons dans la séquence de Pâques :

« *Agnus redemit oves*

« *Christus innocens Patri*

« *Reconciliavit peccatores.* »

« *L'Agneau a racheté les brebis et le Christ innocent a réconcilié les pécheurs avec son Pere.* » (Pr. « *Victimae paschali.* »)

Par quel moyen ? — par la croix !

A quel prix ? — au prix de son sang mêlé des pleurs de sa Mère « *juxta crucem lacrymosa* ». (*Stabat Mater.*)

Or, en ce vendredi, Bernadette, fidèle au dixième rendez-vous de « la Dame », se rendit à la grotte. Elle vit aussitôt l'Apparition et toucha au seuil de l'extase. Mais, avant d'y entrer, elle entendit la Vision lui dire distinctement, sur un ton doucement impératif : « *Vous baiserez la terre pour les pécheurs.* »

Docile, l'Enfant se précipita sur le sol et le dévora positivement de ses baisèrs.

En même temps, à la façon des Prophètes qui, inspirés de Dieu, inspirent à leur tour les hommes, elle contraignit la foule à son imitation par son attitude émouvante.

Tous les genoux fléchirent, tous les fronts se courbèrent, toutes les lèvres se collèrent à terre.

Quelle scène ! et quelle grandeur en cet effondrement général !

Que signifiait donc ce baisement de la terre ordonné par Notre Dame ?

Par son humble et sublime symbolisme, rabaissait-il à leur vrai niveau d'origine, à leur exacte taille naturelle tous ces enfants d'Adam initialement pétris du limon terrestre, Bernadette comprise ? — Oui !

Protestait-il que tous ces membres de l'humanité indigente parce que créée, déméritante parce que pécheresse, ne devaient s'estimer que cendre et poussière ? — Oui, encore!

Suppléait-il, en fait de pénitence, à l'abstention oublieuse ou méprisante des pécheurs qui s'en affranchissent et implorait-il pour eux la grâce du retour ? — Oui, toujours !

Mais ces baisers contrits, humiliés se transformaient en un hommage adorateur et reconnaissant allant de la terre où ils tombaient au sang divin qui l'avait arrosée, imbibée et aux larmes de Marie qui l'avaient détrempé.

Ah ! c'est que, par une sorte d'extension et d'influence rayonnante du Calvaire, la terre entière, théâtre des passions et des iniquités humaines l'est aussi de la passion et des rémissions du Fils de Dieu fait Homme.

L'arbre de la croix, planté au sommet du Golgotha, a poussé en tous sens ses racines souterraines jusqu'aux extrémités du globe.

Le Christ crucifié n'est le conquérant du monde que parce que son sang a ruisselé partout. Aux yeux de notre foi, la dernière motte, le moindre sillon du plus petit de nos champs en sont rougis. Et c'est pour cela que la terre, royaume du péché l'est redevenue de la grâce dans les âmes qui se laissent ressaisir et garder par Dieu et qui trouvent leur salut au lieu même où la mort les frappa.

O Terre où nous naquîmes et qui nous porte ! Terre où s'écoule notre vie et qui, après notre mort, nous offriras ton sein pour que nous y dormions un sommeil passager ; triste lieu où nous offensons Dieu, mais lieu béni où Dieu nous pardonne en retour de nos supplications et de nos expiations, nous te touchons des genoux et du front et te baisons des lèvres.

Ainsi lançons-nous au ciel ces deux cris qui s'appellent : Seigneur ! grâce pour nos péchés ! merci pour vos miséricordes !

Puissions-nous faire toujours de toi, Terre coupable et sainte, le temple à ciel ouvert de la prière et de la pénitence rédemptrices !

IV

Allez boire à la Fontaine et vous y laver.
(*Onzième Apparition.*)

Voilà quelques années mourait un des hommes les plus marquants du monde des Lettres françaises.

C'était un grand converti, revenu de loin, de « *Là-Bas* », un artiste se doublant d'un original et dont la plume n'avait pas que des piquants d'acier.

Certains, offusqués par ses fautes de goût, faisant tache ici ou là, dans d'admirables pages ; effarouchés par ses sévérités et ses railleries à l'égard du commun des personnes et des choses, par ses crudités d'expression, en faisaient objection contre la sincérité de sa conversion indéniable aux yeux de ceux qui observent et réfléchissent.

Il leur donna réponse sur son lit de mort où, pour expier des péchés dont il avait mis trop à nu la nature et le nombre, il refusa héroïquement les piqûres anesthésiques qui eussent endormi, au moins par moments, le martyre que lui faisait endurer le cancer dont il mourait.

Il écrivit un livre où l'on trouve de quoi rire et pleurer : *Les Foules de Lourdes*. On y relève ceci :

« Il est permis de penser que cet élément du Feu à Lourdes » — il s'agit de la flamme des cierges — « n'est que le servant de cet autre élément qu'est l'Eau. Beaucoup de guérisons ont lieu devant la

Fontaine ou dans l'intérieur des piscines. On commence par la grotte et l'on finit par la source. Il semble que Lourdes puisse se résumer en cette phrase : ce que l'on demande ici par le Feu, on l'obtient par l'Eau. » (HUYSMANS, *Foules de Lourdes*, p. 47.)

Huysmans dit vrai.

L'Eau de Lourdes ! comme ces trois mots, en effet, en disent long ! que de miracles ils évoquent et promettent au profit des corps. Que de grâces ils annoncent aux âmes !

Que de chrétiens ont une réserve de cette Eeau pour s'en signer, s'en abluer, en boire !

Sa limpidité est telle qu'elle nous permet, en regardant en bas, d'y contempler les cieux et que toutes les noirceurs de la terre s'y fondent sans la troubler.

Et telle est sa fraîcheur que s'y éteint le feu de toutes les fièvres et de toutes les soifs : fièvres des corps en proie à la maladie et à l'infirmité ; fièvres de l'âme en proie aux crises passionnelles du péché ; fièvre du cœur, enfin, assoiffé de bonheur toujours et, souvent, de pardon !

En vérité, ne serait-on pas tenté de dire que cette Eau divine, signe sensible de grâces parfois invisibles, est presque un sacrement : *le sacrement de Marie*.

Et ceci nous explique l'ordre de la Vierge à Bernadette : « *Allez boire à la Fontaine et vous y laver !* »

Emparons-nous de ces paroles et scrutons-en le sens en nous entretenant

1° *De la source de l'Eau de Lourdes ;*

2° *Des effets bienfaisants qu'elle produit.*

I

Combien belle et bonne doit être l'âme mystérieuse des sources, cette âme qu'on devine et qu'on ne peut capter, puisque cette splendeur bienfaisante en jaillit : l'Eau !

L'eau qui vivifie la terre et qui, du ciel, réflète, de jour, le bleu si pur et, de nuit, les étoiles.

Aussi les plus grands poëtes ont-ils chanté ce clair et fluide élément.

L'un d'eux en a dit :

La terre avec ses longs chemins, ses rocs luisants,
Porte la trace amère et pénible des ans.
L'homme et le temps, tous deux, ont marqué son visage.
Mais rien n'a pu ternir les grandes eaux sans âge
Et leur rire infini, quand le jour les atteint,
Est aussi radieux qu'à leur premier matin.

Notre grand et noble Paul Deroulède en vantait ainsi les bienfaits :

L'eau qui tombe et l'eau qui court
Sont des porteuses de joie.

Mais comment expliquer que l'eau, tour à tour, tombe et coure, sinon parce que la terre et le ciel s'unissent comme en un très pur et très fécond mariage pour lui donner naissance.

Surnaturalisons cette pensée. Et elle s'appliquera à l'eau de Lourdes.

Aux yeux de notre corps, la source en est terrestre.

Mais elle est céleste aux regards de notre âme.

Résumons son histoire.

Des maîtres en hydrographie, foncièrement croyants à la Vierge et à ses apparitions, estiment, après étude et sondage du terrain, que la source de Massabielle fut, non pas miraculeusement créée, mais bien miraculeusement découverte.

L'eau en était captive depuis des siècles dans les entrailles de la terre. Et, si elle s'échappait de sa prison souterraine, elle ne devait y réussir qu'au prix d'un long et tortueux parcours secret ne lui permettant de naître, au sens usuel du mot, que très loin de la grotte.

Le prodige n'est en rien diminué par cette hypothèse qui confine à la certitude.

Au demeurant, il eût été tout aussi facile à Dieu de créer instantanément cette source que de la faire découvrir instantanément par sa Mère. Mais en ce dernier cas, la croyance au miracle ne s'impose pas moins.

Reconstituons le fait historique. La foi seule nous l'expliquera et lui donnera toute son ampleur.

Bernadette, extasiée, prie. Sa transfiguration témoigne qu'elle est en face d'une beauté supérieure dont le reflet l'auréole. Son calme, sa confiance, sa joie attestent que cette beauté est également bonté.

Autour d'elle, tout le monde, fasciné, la contemple et sans doute aussi, la jalouse saintement.

Et voici que, inentendue de la foule, la Vierge dit à l'enfant : « *Allez boire à la Fontaine et vous y laver.* »

En dépit de la disproportion entre le mot qu'elle entend : *la Fontaine*, et celui qu'elle pense : *la Rivière*, la voyante court vers le Gave. Pour qu'elle bût et se lavât en effet, il lui fallait de l'eau. Et nul n'en voyait ailleurs.

Or, une force irrésistible autant qu'invisible l'arrête comme ferait une main puissante.

L'enfant, désorientée, regarde autour d'elle. Elle interroge des yeux la *Belle Dame*. Et bien lui en prend. Car un signe de l'Apparition lui désigne l'objectif à atteindre : un tertre sablonneux tangent à l'angle gauche de la grotte.

Là, nouvel embarras ! c'était du sable, pas même humide.

La vision fit un nouveau geste qui en disait plus long, qui même disait tout. Car Bernadette tomba à genoux, puis inclinée vers le sol, elle le gratta des doigts.

Une eau terreuse suinta aussitôt, trouble, épaisse et tenant le milieu entre une onde limpide et de la boue liquéfiée.

C'était peu ragoûtant ! Mais l'ordre était formel : « *Allez boire et vous laver à la Fontaine !* »

Bernadette s'exécuta. Elle emplit le creux de sa main et s'y prit jusqu'à trois fois pour avoir, enfin, le courage de boire.

Puis se réapprovisionnant de la même eau bourbeuse elle — l'expression est trop juste pour qu'on n'en use point — elle s'en barbouilla plutôt qu'elle ne s'en lava le visage.

L'intrigue, la stupeur, étreignaient les témoins de cette scène. Plusieurs chuchotaient avec pitié : « pauvre petite, voyez comme elle se salit. »

D'autres, hésitant dans leur foi à peine naissante, s'écartaient de la voie du respect. Ils répétaient : « Serait-elle folle ?... »

Mais la Vierge avait été obéie coûte que coûte. Et l'enfant en reçut un délicieux sourire pour récompense.

La Vision s'évanouit. L'eau de Lourdes existait. Et admirons la croissance de son débit.

Le suintement devint filet d'eau. Celui-ci atteignit, dès le lendemain, la grosseur d'un doigt puis d'un bras enfantin, enfin d'un jet puissant. Le miracle se perpétua et aujourd'hui, plus de cent vingt mille litres alimentent, en vingt-quatre heures, les robinets et les piscines.

Ce sont là choses qui se constatent, se mesurent. Et sur cette base, l'évidence du fait, l'édifice de la foi, au sens large du mot, s'élève.

Car la foi nous fait découvrir et capter, là-haut plutôt qu'ici-bas, la vraie source de Lourdes.

Une source céleste existe, en effet, qui déverse son eau sur la terre.

C'est une source plus abondante, plus bouillonnante que celles dont nous voyons, au ras du sol, le sein se gonfler.

C'est une source palpitante !... Car c'est un cœur.

Ce cœur battait jadis, en ce monde, dans la poitrine ardente de Jésus, l'Homme-Dieu, celui-là même, qui s'était apitoyé, avait frémi, pleuré sur les misères corporelles et sur les détresses morales des individus et des masses, sur le corps à demi putréfié de Lazare ; celui-là même qui, prometteur fidèle, hardi au point de promettre, puissant au point de créer la « béatitude des larmes » avait dit :

« Vous qui peinez et qui ployez sous le fardeau, venez à Moi et je vous réconforterai ! » (MATH., XI, 28.) Celui-là même qui avait crié : « Si quelqu'un a soif, — soif de miséricorde parce qu'il se sent coupable ; soif de bonheur, parce qu'il est malheureux, — qu'il vienne à moi et qu'il boive ! » (JOAN., VII, 37) ; celui-là même enfin qui, à cette protestation de foi : « Seigneur, si vous le voulez, vous pouvez me guérir ! » avait répondu ainsi : « Je le veux ! sois guéri ! » (MARC., I, 40, 41) et réalisé aussitôt sa parole dans un miracle.

En vérité, le cœur du Christ est une source. De lui découlent et la grâce du sacrement qui sert de porte à tous les autres, le Baptême ; et la grâce du sacrement où tous les autres tendent comme vers leur centre, l'Eucharistie.

Tous les autres dons divins, d'essence et à fin surnaturelles, s'échelonnent entre ces deux grâces extrêmes. Et c'est pourquoi, l'eau sainte, l'eau guérisseuse, l'eau miraculeuse de Lourdes, n'a jailli du sol pyrénéen sous le regard de la Vierge et le doigt de Bernadette que parce que, préalablement, elle avait jailli du cœur si aimant de Jésus. Ce cœur sacré est la source céleste de cette terrestre source.

La voilà, dans un sens supérieur, à celui que le poëte entendait, la voilà, vraie porteuse de joie, « l'eau qui tombe et l'eau qui court » !

Le ciel nous l'envoie.

La terre nous la dispense.

Et ses effets sont si bienfaisants qu'ils nous commandent et nous facilitent une reconnaissance éternelle envers le divin Sauveur et sa très sainte Mère.

II

Allez boire à la fontaine et vous laver !

Ordre béni ! Car l'Eau de Lourdes désaltère et purifie mieux que les corps : les âmes. Cependant elle n'influe sur celles-ci qu'en passant par ceux-là.

Il y a là une vérification en exercice des lois qui régissent notre nature complexe et en vertu desquelles tout, en nous, atteint initialement l'élément matériel de notre être pour aboutir, en dernier terme, au spirituel.

Il y a là, de plus, une disposition divine *analogue*, mais *nullement identique*, à celle qui constitue essentiellement la nature et assure l'efficacité des sacrements proprement dits lesquels n'agissent sur les âmes qu'au travers des corps qu'elles animent.

De fait, *à l'exemple*, mais *non à l'égal* des seuls sept sacrements institués par Jésus-Christ et administrés par son Eglise, l'Eau de Lourdes est le signe sensible de grâces invisibles.

Signe sensible ! puisqu'elle est matérielle et que notre corps, essentiellement matière lui aussi, la boit et s'en ablue.

Grâces invisibles ! puisque, après son absorption ou sa simple application corporelle, l'Eau de Lourdes en quelque manière spiritualisée et surnaturalisée dans son action secrète, apaise la soif et efface les souillures de notre âme, son efficacité miraculeuse dépendant pourtant exclusivement de la libre volonté de Dieu.

L'Evangile nous donne la vision de la Piscine probatique dont la main d'un ange brassait les eaux et d'où, à cet instant précis, l'unique premier infirme qui s'y plongeait ressortait radicalement guéri (JOAN., V, 4.)

Cette piscine évangélique ne nous apparaîtrait-elle pas moins merveilleuse et moins bienfaisante que les neuf piscines où les brancardiers et brancardières de Lourdes baignent, par centaines, les malades ?

De ces piscines, les flots incessamment renouvelés sont agités par beaucoup mieux qu'une main angélique. Sondez-en, du regard de la foi, la transparence telle qu'on pourrait les prendre pour du cristal liquéfié quand ils jaillissent de leur source. Vous y verrez se mouvoir cette douce et souple blancheur : le bras de l'Immaculée, ce bras qui, pour avoir bercé Jésus-Enfant et plié au suaire Jésus expiré, est l'instrument de toutes les tendresses et de toutes les pitiés.

Aussi, que d'infirmités et de maladies corporelles descendues, avec ceux qui les enduraient, dans les piscines mariales, n'en sont pas remontées avec eux !

Et l'Eau de Lourdes, à l'encontre des plus puissantes eaux thermales naturelles au rang desquelles l'impiété a eu quelquefois la sottise et le mauvais goût de la reléguer, ne perd pas sa vertu sitôt qu'on l'expédie et qu'on en use loin de la fontaine miraculeuse où elle prend naissance.

Que de souffrances physiques n'a-t-elle pas, ici atténuées, là totalement annihilées ! De quelles plaies, de quelles fièvres dévorantes n'a-t-elle pas éteint le feu ? Quelles agonies n'a-t-elle pas adoucies et transformées, de luttes violentes, en paisible repos préludant au calme sommeil de la mort !

Sens chrétien et bon sens, foi et raison sont en trop parfait accord pour que l'Eau de Lourdes ne doive pas d'être en honneur et en usage partout à autre chose qu'à une sotte crédulité et à une soif de superstition.

A des milliers de lieues de la grotte bénie, elle fait ses preuves aux yeux catholiques mieux exercés à la saine critique des choses et des faits que ne le sont les yeux impies.

C'est pourquoi tant de foyers chrétiens ont leur réserve d'Eau de Lourdes. Et quand l'infirmité y élit domicile, quand la maladie s'y installe, quand la mort en crochète la porte ou la fenêtre, les infortunés que ces cruelles visiteuses attaquent n'ont même pas à passer le seuil de leur demeure familiale, même pas à descendre de leur lit de souffrance ou d'agonie transformé en calvaire, pour répondre à l'appel que le bruissement de la source de Massabielle fait retentir sous tous les cieux : *si quelqu'un a soif, qu'il vienne à moi et qu'il boive !*

Leur foyer attristé, voire déjà endeuillé, se transforme en petit Lourdes. La statue de l'Immaculée s'y dresse. Son cierge y brûle. Son Eau y ruisselle. Son Nom s'y invoque. Son Rosaire s'y égrène. Et, finalement, par la vertu du Christ, son action maternelle et royale s'y exerce.

Dans quel sens?

Souvent, nous en avons convenu, dans le sens d'un secours corporel efficace.

Toujours, dans le sens supérieur d'un bienfait spirituel.

C'est qu'à Lourdes toutes les âmes, hormis celles

des sceptiques volontaires et des incroyants endurcis, éprouvent une soif ardente et très complexe.

Les malheureuses sont altérées de consolation ; les inquiètes sont altérées de pacification ; les hésitantes sont altérées de certitude ; les mauvaises, cessant d'être rebelles, sont altérées du bien ; les bonnes sont altérées du mieux ; les meilleures, enfin, le sont de sainteté.

Or, pour elles un des moyens les plus sûrs d'étancher leur soif, sera de boire à la Fontaine de Marie. Ceci soit dit et entendu surtout au figuré.

Et l'Eau de Lourdes n'éteindra leur soif qu'en concourant à effacer leurs souillures. Car elle n'est rafraîchissante que parce qu'elle est purifiante.

Sans hausser l'analogie au rang de l'identité convenons de nouveau que l'Eau de Lourdes est comme un instrument sacramentel de grâce et que, sauf dans les âmes qui y mettent obstacle, son efficacité est infaillible.

Toutes proportions sauves, toute distance gardée, toutes réserves faites entre les sacrements et l'eau de Lourdes, celle-ci régénère à l'exemple du Baptême ; elle réconforte à l'exemple de la Confirmation ; elle assainit ou ressuscite selon les cas, à l'exemple de la Pénitence ; elle oint les corps, elle console et fortifie les âmes à l'exemple de l'Extrême-Onction ; elle consacre à l'exemple de l'Ordre ; elle scelle les promesses éternelles et les féconde à l'exemple du Mariage chrétien, et enfin, et surtout, elle alimente et enhardit à l'exemple de l'Eucharistie, Pain des Forts et arme des vaillants. Car la grâce divine qui, par rayonnement, la pénètre en fait une eau jaillissante jusqu'à la vie éternelle.

O mystère, ô bienfaits que ceux de cette eau d'où nous pouvons renaître jusque dans notre esprit !

Bénie soit la source d'où elle jaillit !

Bénie soit la Vierge qui la fit découvrir !

Béni soit le Dieu qui la créa !

Eau divine qui, tout ensemble, sors de la terre et descends des cieux, comme le froment eucharistique ; Eau miroitante qui reflètes la pure image de Marie ; eau chantante qui la pries, nous répéterons de toi, comme d'Elle, en ses Litanies, que tu es aimable et admirable ; que tu es très pure et très chaste ; que tu es clémente et puissante. En toi, les chrétiens trouvent le secours, les infirmes le salut, les pécheurs un refuge. Apôtre à ta façon, toujours Vierge, conçue immaculée dans les desseins de Dieu, médiatrice de ses grâces, tu es, par Jésus et Marie, la souveraine des eaux, la reine de la paix au royaume des sources et des fontaines bienfaisantes.

Assurés de puiser en toi le salut qui vient du Seigneur (*Prov.*, VIII, 35), nous avons soif de toi. Et cela nous est si doux de te boire que, de le faire sans cesse, loin d'étancher notre soif, l'excite davantage !

V

> Vous irez dire aux prêtres qu'il doit se bâtir ici une chapelle.
>
> (*Onzième Apparition.*)

Par volonté divine le cadre du Mystère de Lourdes devait être extensible.

Enserrant d'abord la Vision et la voyante, il fallait qu'il s'élargît pour contenir les foules : celles du début accourues spontanément dans l'élan d'une intuition pieuse du miracle ou d'une simple curiosité, mais qui ne pouvaient passer d'elles-mêmes le seuil du temple ; puis les foules convoquées par Marie en personne à venir cueillir sur place les fruits que ses Apparitions et ses enseignements feraient éclore et mûrir sans discontinuer en cette nouvelle terre évangélique et ces nouveaux *Lieux saints*, lointain annexe de la Judée et de la Galilée : Lourdes.

Car là, Notre Dame prêcha la Bonne Nouvelle du salut, au nom de son Fils Jésus comme Il le prêchait, jadis, sous le ciel azuré de l'Orient en confirmant, à son exemple et par une divine vertu, ses paroles par ses prodiges.

Voilà pourquoi, le 27 février, en sa onzième Apparition, *la Dame* qui, jusqu'à cette date, n'avait adressé à Bernadette que des paroles qui, ou bien la visaient seule, ou bien ne nous atteignaient que par ricochet, lui en fit entendre d'autres qui, passant, pour ainsi dire, par-dessus sa tête, intéressaient le peuple chrétien tout entier dans ses chefs hiérarchiques et ses membres dirigés.

En ce jour, en effet, Bernadette, à la grotte, était entrée dans une extase si révélatrice de joies ; elle avait conversé si longuement avec la céleste visiteuse ; puis, tout à coup, la Vierge s'était abîmée dans un tel silence, repliée dans un si profond recueillement que, manifestement, tout cela préludait à une révélation exceptionnelle et grosse de conséquences.

La preuve en fut que l'enfant entendit tomber sur elle, des lèvres de Marie, ces mots qui portraituraient d'avance le Lourdes des Pèlerinages mondiaux et qui en étaient comme l'acte fondateur ou la bulle d'institution : « *Vous irez dire aux prêtres qu'il doit se bâtir, ici, une chapelle et qu'on y doit venir en procession.* »

Ainsi Bernadette, jusque-là voyante privée de Notre Dame de Lourdes, en devenait la mandataire publique et le porte-parole. Pour elle, les grâces de vision s'épanouissaient dans l'honneur d'une mission.

Dieu qui avait fait de l'humble Catherine de Sienne son légat auprès du Saint-Siège et, littéralement, « la Jeanne d'Arc de la Papauté » sur le terrain politico-religieux, députait à ses prêtres la pauvre fillette des Soubirous.

Le fait initial de Lourdes, privilège particulier, ne tarderait pas à se transformer en profit général.

La grotte miraculeuse deviendrait rapidement la carrière ouverte d'où s'extraieraient les pierres du plus illustre et du plus riche des sanctuaires construits et fréquentés à la gloire de la Mère de Dieu. Et, en aucun autre endroit de l'univers chrétien, ne défileraient, en implorant et proclamant des miracles, des foules plus différentes de races et de langues, plus *une* dans la foi, plus généreuses dans le sacrifice, plus enthousiastes dans l'action de grâces, plus ardentes d'amour, plus comblées, enfin, de divins bienfaits.

Nous l'avons constaté sur place. Et nous le comprendrons mieux, ici, si, faisant momentanément abstraction de la demande de la Vierge relativement aux processions de Lourdes, nous interprétons, en son sens complet, sa volonté de voir s'élever une chapelle au lieu de ses Apparitions.

Oui, dans son *sens complet !* Car l'ordre magnifiquement obéi de Notre Dame tendait à un double but :

1° *Matériel : c'est affaire d'histoire,*

2° *Spirituel : c'est affaire de foi.*

I

Sens matériel d'abord !

Il force notre interprétation, il frappe nos regards comme toute demeure, masure ou palais, comme tout édifice profane ou sacré se dressant sur le sol grâce à la collaboration de l'architecte qui en conçut le plan et des maçons qui le réalisèrent.

Il est évident que, par l'intermédiaire de Bernadette, Notre Dame de Lourdes exigeait qu'on lui élevât un sanctuaire où s'incorporerait le souvenir de ses Apparitions en leur lieu et place même.

C'était le sûr moyen d'y perpétuer ce souvenir et presque son immatérielle présence ; d'y prolonger son action, d'y amorcer ou d'y enchaîner plus étroitement à son culte de vénération et d'amour les âmes innombrables qu'Elle n'attirerait que pour les conduire à Jésus-Christ plus fortement et plus doucement qu'ailleurs.

Ainsi, le temple de Lourdes, séjour commun du Christ et de sa Mère et dont, en communion avec le tabernacle où le miracle majeur de la présence réelle se prolonge, la grotte miraculeuse, toujours pleine de Marie, serait le cœur, le saint des saints, ainsi le temple de Lourdes serait l'arche d'alliance visible de la Reine des Cieux avec ses terrestres sujets.

Quoi de plus opportun et de plus surnaturellement naturel !

Or, en plus de sa signification très nette et de son objectif matériel très apparent, il y a dans l'ordre de Marie à Bernadette, quelque chose de particulièrement remarquable.

C'est l'égal souci que Notre Dame y manifeste de signifier la volonté souveraine, l'autorité absolue que Dieu possède et exerce et de respecter l'autorité dont Il investit ses ministres.

La Vision ne s'adresse pas à la voyante en ces termes : « Déclarez formellement de ma part à la foule qui vous entoure et répétez partout qu'il faut qu'une chapelle se construise ici ! » Elle use de cette formule : « *Allez dire aux Prêtres...* »

Soit dit en passant, ne pouvant confondre la juridiction d'ordre exclusivement humain et celle d'ordre spirituel ; ne pouvant pas davantage donner indûment à César ce qui n'appartient qu'à Dieu, la Vierge ne tient aucunement compte en son précepte de ces autorités en échelons, légitimes en leur sphère, mais incompétentes, voire inexistantes en celle-ci : le commissaire de police, le maire, le préfet. Je ne mentionne pas les bons, les excellents gendarmes d'alors qui restaient tels lorsqu'ils verbalisaient en prenant forte voix et faisant les gros yeux. Comment, mon Dieu — on est tenté de dire : diable ! — voudriez-vous qu'ils fissent autrement !

Non, aux yeux de Marie, commissaire de police, maire, préfet sont tenus comme nuls et non avenus sur le terrain de ses miracles. Cela ne les regarde pas ! Et parce qu'ils y regardent quand même, leur vue se fausse. Ils sont, de parti pris, contre.

Mais les prêtres ! ces hommes de Dieu, ces serviteurs de Marie ! En vérité, c'est leur affaire... et surtout de deux d'entre eux : le curé de la paroisse et, au-dessus, l'évêque du diocèse.

L'un et l'autre, l'abbé Peyramale à Lourdes, Mgr Laurence à Tarbes se maintenaient dans une neutralité dont bien fin eût été celui qui, à n'en juger que sur des signes extérieurs, paroles et actes, eût pu la qualifier de bienveillante ou non.

Ni l'un, ni l'autre n'étaient encore intervenus officiellement pour enquêter. Le bon curé ne s'était pas rendu sur le théâtre des Apparitions. Il n'était documenté que par des ouï-dire venant spontanément à lui. Il s'abstenait, se dérobait jusqu'à nouvel ordre, non, peut-être, sans espérer. Et l'histoire, qui ne put le convaincre d'hostilité *a priori*, a dû proclamer sa prudence.

Mais le temps approchait où il fallait qu'il prît

position. Et Marie qui, souriante, avait repoussé sa mise en demeure de lui envoyer des roses et de lui révéler son nom, pensait en premier lieu à lui quand Elle dit à Bernadette : « *Allez dire aux prêtres qu'une chapelle doit se bâtir ici.* »

Le rude curé fut encore dur à la détente de la plus redoutable des forces en pareil cas : celle d'inertie. Mais le temps qui passe est le parfait serviteur de Dieu qui, lui, demeure éternellement. Pour employer une expression de la grande guerre, *il grignotte l'adversaire* et comme on dit en langage sportif *il boit l'obstacle.* A plus forte raison gagne-t-il aux causes divines ceux qui, à leur sujet, se tenaient d'abord dans une loyale et sage expectative.

Les résultats définitifs de l'enquête officielle faite sur Bernadette et ses dires par le curé de Lourdes, par la commission diocésaine de Tarbes ; puis le jugement épiscopal rendu publiquement en sont une preuve de plus.

Notre Dame était réellement apparue. Elle avait parlé, ouvert la série ininterrompue de ses miracles, de ses bienfaits pyrénéens. Elle avait mis en garde les bonnes âmes trop aisément crédules, surtout en temps calamiteux, contre la supercherie des fausses voyantes ou l'illusion des visionnaires de bonne foi mais irréelles, en soumettant Bernadette elle-même à l'examen et au verdict des juges ecclésiastiques. Car, elle aussi, comme saint Paul, elle eût jeté l'anathème à un ange du ciel se hasardant à dire ou faire quoi que ce soit contre l'Eglise ou en dehors de l'Eglise. Enfin, pour magnifier le souvenir de son passage et enrichir les âmes des espoirs et des grâces qu'il commande, elle avait demandé, par voie hiérarchique, une chapelle, et Elle l'eut.

Que dis-je ? Elle eut beaucoup mieux.

Qui de nous oserait qualifier de ce nom : *une chapelle*, la grande et splendide basilique de Lourdes avec sa crypte et ses richesses actuelles couronnant comme d'un immense diadème la grotte transformée ?

Cette basilique, princesse des églises mariales, naquit et grandit sous le regard ému du curé Peyramale. Celui-ci avait voulu faire grand et beau. Ne jeta-t-il pas dans le Gave un plan estimé par lui trop mesquin et déchiré sous les yeux de l'architecte médusé ?

Et tandis que le temple croissait en taille et en beauté, Bernadette, baissant les yeux et fuyant les regards, s'agenouillait tout auprès et priait. Et parmi tant de belles et douces choses qu'elle devait dire à la Dame désormais reconnue pour la Reine du ciel, peut-être lui adressait-elle cette naïve question : Etes-vous contente de votre chapelle?

Or, Notre Dame de Lourdes en était heureuse. Ce beau temple matériel n'était à ses yeux qu'un symbole. Il ne répondait à ses désirs que dans leur moindre sens. Car ils en avaient un autre d'ordre supérieur puisque spirituel et dont l'accomplissement serait plus magnifique encore.

II

Le symbolisme chrétien nous fait voir dans les temples matériels bâtis de main d'homme, où Dieu réside sacramentellement, où l'autel de la Vierge et les statues des saints se dressent, une figure du temple immatériel constitué par les âmes que Dieu habite par sa grâce.

Chacune de ces âmes est le vivant sanctuaire de la Divinité. Saint Paul l'apprenait aux premiers chrétiens (II, *Cor.*, VI, 16) et la théologie catholique nous l'enseigne.

La collectivité de toutes ces âmes qui, sans se confondre, se fondent dans l'unité de la communion des saints, constitue la Jérusalem céleste dans l'Eternité.

Voilà pourquoi l'Eglise, quand elle célèbre la fête de la Dédicace des Eglises, nous met aux lèvres une hymne enthousiaste dont voici des échos :

« Jérusalem, cité des cieux, qui nous donnes la bienheureuse vision de la paix, tu es bâtie avec des pierres vivantes et tu t'élèves jusqu'aux astres... C'est au Christ que tu es unie, ô céleste ville. Les pierres dont tu es construite ont été taillées avec grand soin, polies et repolies par les mains du divin ouvrier qui les a jointes et cimentées entre elles. » (*Hymne de la Dédicace.*)

Eh bien ! c'est précisément cette cité des âmes ou ce temple animé du Paradis que devait symboliser, dans les desseins de Notre Dame de Lourdes, et que symbolise en fait, au-dessus de la grotte et de la source, la grandiose basilique par laquelle la piété chrétienne répondit à cet ordre : « *Une chapelle doit se construire ici.* »

Sans doute, c'est ce qu'elle a de commun avec tout sanctuaire, s'agit-il du plus humble ou du plus somptueux.

Mais ce qui l'en différencie, c'est que, là mieux

qu'ailleurs, les âmes se laissent tailler et ciseler, polir, joindre et sceller, comme de vivantes pierres par le divin constructeur s'associant en cette œuvre la Vierge Mère.

Aussi bien, ce qui se construit sans cesse à Lourdes, c'est un temple d'âmes dont les fondements reposent sur la terre et dont les voûtes et le faîte pénètrent les cieux.

C'est une des plus belles parties de l'édifice sacré de l'Eglise militante ici-bas, triomphante Là-Haut, et dont le Christ est la pierre angulaire.

Oh ! de quelles multiples et merveilleuses façons les pierres animées de ce divin sanctuaire sont taillées et polies à Lourdes, aux abords de la grotte et dans la basilique !

Beaucoup le sont par les douleurs, les tristesses, les regrets, les remords qu'elles endurent après une vie plus ou moins longue de péché, d'oubli ou de haine de Dieu. C'est le cas des grands pécheurs convertis et pénitents.

D'autres le sont par les chagrins, les déceptions, les martyres d'une existence foncièrement chrétienne mais exceptionnellement éprouvée.

D'autres le sont par les maladies, les infirmités rongeant, tuant à petit feu les corps qui les endurent.

Et toutes ces douleurs physiques et morales sont les coups de ciseau et de lime par lesquels le céleste ouvrier façonne à son gré ses élus.

Oui ! le temple matériel de Lourdes, ruisselant de splendeurs dans la lumière qui le baigne, est un grand atelier où les âmes, pierres immatérielles, se taillent et se sculptent.

Et ces pierres, Dieu les assemble, les agence, les soude les unes aux autres. Il en fait un édifice saint. bien ordonné, croissant dans le Seigneur.

C'est ainsi qu'à Lourdes s'accomplit, comme s'exprime Dom Guéranger « la taille des pierres élues successivement posées au lieu prévu par le plan divin » et grâce à quoi le temple éternel du Paradis « s'accroît de toute âme envolée d'ici-bas » (*Année liturgique. Fête de la Dédicace*).

C'est ce que Notre Dame de Lourdes prévoyait et voulait avant tout quand Elle disait à Bernadette : « *Allez dire aux prêtres qu'une chapelle doit se bâtir ici.* »

Le sens matériel inclus d'abord en sa demande et la construction, qui en résulterait, d'une basilique au-dessus de la grotte n'étaient que des moyens ordonnés à une fin plus haute : la construction d'un édifice spirituel d'âmes, s'élevant vers le ciel, resplendissant des lumières de la grâce, embaumé de l'encens de toutes les vertus et de la myrrhe de tous les sacrifices, retentissant enfin de toutes les louanges alternant avec toutes les actions de grâces.

O splendeur, ô bonheur, ô gloire des âmes que Dieu habite et divinise par sa grâce et qui « se revêtent du Christ ». (*Galat.*, III, 27), soyez et demeurez nôtres à tout jamais, par l'intercession de la Vierge de Lourdes !

VI

Allez dire aux prêtres qu'on doit venir ici en procession.

(*Onzième Apparition.*)

Ainsi se compléta la demande que Marie fit, en sa onzième Apparition, de l'érection d'une chapelle se soudant à la grotte Massabielle.

C'était une ligne, ou plus exactement, une perspective de plus que Notre Dame mettait dans le panorama de Lourdes. Car là, les foules, non seulement se pressent et stationnent mais encore gravitent autour de la roche, qui est le vrai fondement de cette Trinité sainte des monuments sacrés : la Basilique, l'Eglise du Rosaire, la Crypte.

Le seul nom de Lourdes, en effet, évoque la vision, fait éclater les cantiques et retentir les prières d'incessantes processions.

Ah ! l'ordre transmis en ce point par Bernadette aux prêtres est intégralement et magnifiquement obéi, tout comme le fut celui de bâtir une chapelle.

On pourrait affirmer que les désirs de la Vierge ont été également dépassés en ceci et en cela, s'il n'était certain que, des cimes de l'Eternité qu'Elle ne quittait pas en réapparaissant dans le temps, Marie prévoyait à coup sûr l'avenir.

Et combien Elle se doit complaire en ce qui, pour Elle, est devenu, de prévision, vision ! Entendons par là que, du haut des cieux, la sainte Mère du Christ abaisse ses regards ravis et émus et déverse la rosée de ses bénédictions, la pluie de ses bienfaits sur les Processions de Lourdes.

Quand celles-ci s'ébranlent et se déroulent, Elle en suit les mouvements.

Quand elles s'arrêtent, Elle les passe en revue comme ferait une Reine sur le front des armées de son royaume.

Elle sourit quand Elle y voit porter sa statue et flotter sa bannière.

Elle s'émeut, se recueille, prête à exaucer d'une façon ou d'une autre, les voix priantes et les cœurs suppliants quand Elle y perçoit le murmure de son Rosaire, le chant répété de nos « *Ave* » !

Elle y salue leur étendard quand Elle y voit passer la croix rédemptrice du monde.

Elle s'incline profondément, Elle adore, Elle implore plus et mieux que tous les pèlerins, que tous les malades et les infirmes, que tous les prêtres et les prélats réunis, que tous les anges attentifs et frémissants quand son Fils Jésus passe sacramentellement présent dans l'ostensoir d'or, au travers d'une ambiance chargée d'encens et de suppliques, de douleurs qui espèrent et de joies reconquises qui remercient.

Oh ! les processions de Lourdes ! A s'en donner le spectacle, à y prendre rang et les suivre surtout, on comprend aussitôt que Notre Dame les désira à bon droit

1° *Pour Dieu, pour l'Homme Dieu et pour Elle.*

2° *Pour nous-mêmes.*

I

Pour Dieu, pour l'Homme Dieu, pour Elle !

C'est-à-dire afin que le culte que nous leur devons, culte d'adoration envers la Divinité, culte de vénération envers la Mère du Verbe incarné, soit mis en plus vive lumière, s'exerce en plus grande pompe et, à l'occasion, se transforme en un Apostolat plus puissant et fécond.

Tout cela va ressortir à nos yeux de ce qu'on pourrait appeler *la théologie des processions* en usage dans l'Eglise catholique et dont voici la raison d'être et le but.

Il est théologiquement certain que le culte du Dieu créateur et celui du divin Rédempteur s'adjoignant, comme le secondaire au principal, le culte de la Mère de Dieu corédemptrice, ne doit pas rester claquemuré entre les murs, si sacrés qu'ils soient, de nos temples.

Il ne convient pas que notre foi, avec tout ce qu'elle nous prescrit logiquement dans le domaine de l'amour et le champ de l'action, ne s'affirme et ne se manifeste qu'à huis clos.

C'est que le Nom et les œuvres de Dieu, sa souveraineté absolue doivent se proclamer partout où ses droits s'étendent. Et ce *partout* enserre dans ses indéfinies limites, l'univers créé, le monde racheté tout entier, le théâtre matériel où les corps s'agitent aussi bien que la sphère immatérielle des âmes.

C'est que Dieu est le Maître de tout, présent et agissant en tout par son regard ; par son action providentielle, complément nécessaire de son action créatrice et qui conserve dans l'être ce qu'Il y a établi ; par sa substance enfin où, sans donner prise à l'erreur panthéiste, saint Paul déclare que nous vivons, nous nous mouvons, nous sommes (*Act.*, XVII, 27, 28).

Aussi, sur l'immense échelle des créatures, n'en existe-t-il pas une seule, géante ou minime, en laquelle Dieu ne réside et n'opère d'une certaine façon.

Ma raison seule, ne s'adjoignit-elle jamais la foi, non par libre conquête, mais par acceptation d'un libre don de Dieu — *donum Dei est !* — (*Ephes.*, II, 8) ma raison seule découvre Dieu, elle le sent, elle l'entend dans le ruisseau chantant autant que dans la mer mugissante ; dans un scintillement d'étoile autant que dans l'éclat du soleil ; dans un infiniment petit autant que dans un être colossal.

N'en serait-ce pas assez pour que nous associions à notre culte envers Dieu la création matérielle tout entière ?

Elle ne saurait s'y unir de soi-même puisque ni elle ne pense, ni elle n'aime, ni elle ne prie au sens conscient et intentionnel des termes.

Pure poésie et finalement pas exacte que celle qui enfanta ces vers :

Objets inanimés, n'avez-vous pas une âme
Qui s'adresse à notre âme et la force d'aimer ?

Le contraire se réalise. Admettons avec le Psalmiste que les cieux chantent la gloire de Dieu : mais c'est parce que nous leur prêtons une âme et, qui plus est, la nôtre. *Cœli enarrant gloriam Dei* (*Psal.*, XVIII, 1).

Néanmoins, matériellement parlant, quel temple magnifique que la Création visible et palpable considérée dans son ensemble et ses détails et à tous ses niveaux !

Quelle plus belle voûte que celle du firmament au fond tour à tour azuré et étoilé !

Quel plus riche luminaire que, de jour, le soleil et, de nuit, tous les astres !

Quelles plus somptueuses parois que les pentes des collines et les flancs des montagnes !

Quel tapis plus merveilleusement varié que les prairies verdoyantes et le parterre des fleurs !

Quelles orgues plus puissantes et aux jeux plus nombreux que le souffle du vent et le soupir des brises contrastant avec la voix géante des tempêtes !

Quels chantres plus habiles que les grands arbres aux branches et aux feuillages frémissants et dont la tête s'incline comme pour une révérence !

Ah ! que, dans le décor de la nature créée, une procession religieuse se forme et se déroule, rien ne lui manquera des éléments matériels que la sainte Liturgie exige.

Le parfum des fleurs s'y mêlera, comme un arome frère, aux odeurs de l'encens.

L'eau des sources, des rivières et des fleuves y dira à l'eau bénite : c'est de nous que tu viens. Remêle-toi à notre onde pour la sanctifier. Et elle y chantera, elle aussi, des cantiques. Et elle y murmurera, elle aussi, des prières.

La mer, par sa vaste étendue et sa perpétuelle mobilité, criera l'infinité dans l'être et dans l'action du Dieu qui la créa.

Les épis de froment destinés à se muer au corps du Christ ; les grappes de raisin d'où jaillira le vin qui deviendra son sang, s'y égrèneront comme les grains d'un Rosaire.

Oh, oui ! qu'une procession est la bienvenue dans un cadre pareil, peuplé de tant de merveilles sorties du sein infiniment fécond du Dieu créateur.

D'autant, qu'en ce cadre, Dieu se fit Homme. Il y naquit. Il y grandit. Il y vécut. Il y prècha. Il y sema à pleines lèvres, des paroles de vérité et d'amour, à pleines mains, des bienfaits et des miracles. Il y souffrit et mourut. Il y fut enseveli et ressuscita. Il y prit élan, en corps et en âme, vers « son royaume qui n'est pas de ce monde » (JOAN., XVIII, 36). Il y fonda son Eglise. En un mot qui dit plus que des milliers de livres, Il nous sauva.

Et pour nous gagner plus irrésistiblement à son cœur, pour nous amorcer plus sûrement à son service et nous y garder plus tendrement, Il nous donna sa Mère à l'heure sanglante où un tel don nous devait émouvoir davantage. *Ecce Mater tua !* (JOAN., XIX, 27.)

Sa Mère dont le Nom, le culte, l'honneur, l'œuvre de miséricorde sont inséparables des siens et dont, non seulement il convient, mais il faut qu'Elle soit honorée, chantée, implorée, remerciée processionnellement à la face des bons chrétiens et aux yeux même des indifférents et des impies.

Car une procession, c'est un apostolat.

Les prières qui s'y récitent, les cantiques qui y retentissent révèlent notre foi, nos espoirs à ceux qui les ignorent, les rappellent à ceux qui les ont oubliés ; les défendent et les vengent du mépris de ceux qui les attaquent et les blasphèment.

Ne serait-ce pas la raison pour laquelle le sectarisme incroyant et surtout l'apostasie haineuse, démentant tout ensemble et leurs prétendues négations et leur prétendue tolérance, ont horreur de nos chrétiennes processions, les interdisent et verbalisent contre elles, alors que les modes impudentes et la chanson obscène, alors que le tablier et le triangle maçonniques, alors que le drapeau rouge, en attendant le marteau et la faucille soviétiques ont la liberté de la rue.

En cela, l'iniquité qui, toujours, se ment à elle-même (*Psal.*, XXVI, 12), manque aussi peu de flair qu'elle manque beaucoup de bon sens. On n'abomine et l'on n'empêche que ce que l'on redoute.

Au cours d'une procession par l'attitude, par les gestes, par la voix de ses croyants et serviteurs fidèles, par les rites sacrés de ses prêtres, Dieu s'affirme, Dieu prêche, Dieu agit en conquérant puissant des âmes de bon vouloir. Il lance un défi à ceux qui le nient et qui, ô illogisme ! en le niant, l'insultent, justifiant ainsi l'ironie de Jean Richepin :

Etes-vous bien certain que Dieu n'existe point ?
Si Dieu n'est pas, pourquoi lui montrez-vous le poing ?
Si ce n'est qu'un brouillard dont votre âme est trempée,
Pourquoi dans ce brouillard, donner des coups d'épée
. . . .
. . . . C'est drôle
Si Dieu n'existe pas vous jouez un sot rôle !

Et quand, dans une procession, Dieu apparaît sous la forme de l'Hostie consacrée, suivant de près la statue de la Vierge sa Mère et la nôtre, qu'Il rendit à la fois captivante par sa beauté et sa bonté et « *terrible comme une armée en ordre de bataille* », (*Cant.*, VI, 3), alors Il triomphe.

N'est-ce pas ce qu'Il fait surtout au centre des processions de Lourdes, en ces cortèges géants dont la raison, d'abord théologique, puis apologétique ou apostolique, ne saurait être méconnue que par les irréfléchis et les aveugles, méprisée que par les endurcis ?

Et c'est pourquoi Notre Dame donna à Bernadette cet ordre : « *Allez dire aux prêtres... qu'on doit venir ici en procession.* »

Elle prévoyait, alors, ce qu'Elle a vu depuis, ce qu'Elle verra toujours à savoir que les processions de Lourdes, principalement celle du Saint-Sacrement, proclameraient mieux que partout ailleurs les droits, les œuvres, la gloire du divin Créateur et Rédempteur du monde et, dans ces droits, ces œuvres et cette gloire suprêmes, son propre honneur et sa mission à Elle.

Elle savait qu'en nul autre endroit, mieux qu'aux alentours de sa grotte et de sa chapelle pyrénéennes, les noms et les causes indivisibles de son adorable Fils et d'Elle-même ne seraient honorés, défendus, vengés à la face du ciel, de la terre et de l'enfer.

Et l'ineffable est bien qu'en ces motifs majeurs des processions par Elle demandées, Elle n'ait pas perdu de vue notre intérêt à nous.

II

Ainsi que l'on s'exprime en style militaire, les processions de Lourdes se font *en deux temps et deux mouvements.*

Elles présupposent d'abord, au loin, la formation par échelons successifs, la mise en route et l'arrivée de ce qui en fournit les éléments constitutifs, de ce qui en est est la matière première, l'énorme cellule primitive.

Entendons par là, *les Pèlerinages :* Pèlerinages diocésains multiples, pèlerinages étrangers et surtout, notre grand Pèlerinage national deux fois unique, puisqu'il n'y en a qu'un seul par an et que nul autre n'en égale l'effectif en grands malades, en brancardiers, en pèlerins valides, la splendeur et le gain en miracles.

Tous ces pèlerinages se comparent justement, quand ils se forment et s'ébranlent et sillonnent le monde, à de vraies processions.

Une longue file de wagons les emporte où il y a une place pour chaque personne et chaque chose et où toutes personnes et toutes choses restent à leur place.

Et, déjà, l'on y chante et on y prie.

La fatigue du voyage ne s'y supporte pas sans mérite pour les pèlerins bien portants, sans héroïsme pour les malades et les infirmes.

Le sang versé y met parfois sa valeur rédemptrice, ainsi qu'il arriva au tragique pèlerinage de Moulins dont un des trains fut si éprouvé dans un tamponnement.

Il est vrai, tant en cours de route vers Lourdes que durant leur séjour à Lourdes, les pèlerinages risquent de devenir, du fait et par la faute de certaines âmes, une belle médaille ayant un revers plus ou moins laid.

L'égoïsme, l'excentricité, le défaut de mesure et

de pondération, l'éparpillement de l'esprit et du cœur, la répugnance à la gène et au sacrifice, la prédominance de la curiosité sur la vraie piété, et le reste, peuvent être imputés à certains pèlerins qu'il vaudrait mieux ne pas coudoyer là, ce qui revient à en recevoir des coups de coude et de langue.

Mais ces misères dosées de ridicule dans l'odieux, sont l'exception, non la règle. Il y a des taches au soleil. Et, Huysmans, incliné à cela par sa nature hypercritique, a trop vite souscrit au jugement sévère de saint Jean de la Croix disant des pèlerinages : « Quand les multitudes s'y pressent, je ne conseillerai jamais de s'y mêler. On risque d'en revenir plus distrait qu'on n'y est allé. » (*Montée du Carmel*). Verdict qu'il ne faut pas prendre dans un sens absolu et que, seuls, d'accidentels et graves abus durent justifier faute, sans doute, d'organisation, de direction, de discipline, d'ordre, autant de sauvegardes qui ne font pas défaut à nos pèlerinages actuels.

Or, ces pèlerinages, dans leur formation et leur acheminement vers la grotte ne constituent qu'initialement et dans un sens très large les Processions de Lourdes.

Celles-ci n'existent proprement et ne se déroulent que sur le coin de terre où tant de miracles fleurissent. Elles s'organisent et s'accomplissent ainsi qu'une cérémonie liturgique ayant ses rites, ses prières, ses chants et se dédoublant en cortège marial et en cortège eucharistique.

Se hasarder à décrire ici, en détail, l'un et l'autre serait se condamner à décevoir ceux qui savent, pour avoir vu, ce qu'il en est, et à n'instruire qu'aux trois quarts ceux qui l'ignorent.

La plume ne peut qu'affaiblir l'écho chantant toujours dans les cœurs des *Ave, ave, ave Maria !* s'élevant vers la Sainte Vierge sur la montée des stations, et l'écho poignant des acclamations atteignant et émouvant Jésus passant sacramentellement au milieu de loques humaines clouées sur les brancards et qui, de la voix, du geste, du regard surtout — car ils parlent vraiment les yeux de ceux qui souffrent et qui agonisent — l'implorent avec une espérance égale à leur malheur et avec une humilité plus profonde que leur détresse.

Oh ! cette procession du Saint-Sacrement ! Et ces cris magnifiant Dieu, l'infinité de son pouvoir dans l'indépendance de son vouloir : « *Seigneur si vous le voulez, vous pouvez me guérir* » ! Et ces supplications : « *Seigneur, faites que je vois ! Seigneur, faites que j'entende ! Seigneur, faites que je marche ! Seigneur, faites que je vive !* »

Quelquefois, le Christ répond par une guérison instantanée et radicale ! Alors, les actions de grâces enthousiastes explosent. Elles font traînée de poudre dans la file de ceux qui processionnent et dans l'immense grappe humaine massée sur leur passage.

Plus souvent, Jésus s'éloigne et les suppliques angoissées redoublent. Jésus disparaît et les voix se taisent inexaucées. Elles ont crié en vain.

En vain ? non ! car, en ce cas, quelle évidence pour tous que si Jésus a passé ne paraissant rien faire, sa Mère le suivait faisant tout en son nom. Tout ! C'est-à-dire l'essentiel, l'unique nécessaire, à savoir, consolant, résignant, empêchant les non miraculés de tomber lamentablement des hauts sommets de l'espérance dans l'abîme du désespoir ; créant de nouvelles énergies en vue du prolongement de l'épreuve ; ensemençant de joie autant que de courage des cœurs qui, dans une toute prochaine agonie, cesseront de battre et des âmes immortelles dont les ailes s'ouvriront bientôt pour un si haut et si sûr essor que déjà rien ne les rattache à la terre.

Voilà, en elles-mêmes, les processions de Lourdes ! Et voilà leurs effets, leurs profits !

Bénissons, remercions la Sainte Vierge de les avoir exigées en même temps que la construction de son sanctuaire !

D'ailleurs ses deux demandes se complètent. Elles se fondent même en une seule.

Un auteur liturgique, en effet, définit très justement ainsi une procession : « *un temple ambulant.* » (*Eveillon.*)

De fait, une procession, c'est une église en marche. En elle s'extériorise et se meut ce qui se fait, se dit, se chante sous les voûtes et dans les murs de nos édifices sacrés. C'est la pompe si instructive et si prenante des offices cultuels qui déborde de son cadre immobile et rigide. N'admettant à huis clos qu'un nombre limité d'assistants, elle offre prise, au dehors, par ses rites à tous les regards, par ses hymnes à toutes les oreilles ; par son apostolat direct ou symbolique à tous les cœurs de ceux qui ne peuvent ou ne veulent pas franchir le seuil de la maison matérielle de Dieu, s'y agenouiller, y prier, y entendre la parole et la musique sacrées et, en heureuse fin de compte, y devenir meilleurs, voire s'y convertir.

La vision, les échos, les effluves édifiants, bref l'influence surnaturelle d'une procession sont à la portée de tous les habitants et de tous les hôtes passagers des lieux où elle se déroule.

La chambre d'un malade, le cachot même des prisonniers ne leur sont pas une barrière infranchissable : car ces malheureux ont la ressource d'entendre.

Une procession ! C'est le temple de Dieu allant et se dressant partout avec sa réserve de stimulants de foi, d'espérance et d'amour, de vertus, de courage, de prière, de regrets, de promesses.

Et telles sont avant toutes les autres ces reines des processions : celles de Lourdes !

Elles suscitent tant de ferveurs et ressuscitent tant d'esprits et de cœurs morts à la grâce !

Elles entraînent après elles, puis enchaînent au Christ et à sa Mère, dans leurs méandres bénis, tant de convertis !

Elles font éclore, fleurir, fructifier tant de miracles sur les corps et dans les âmes !

Elles sont, elles-mêmes, un si grand et si évident prodige !

Suivons-les souvent, de loin par la pensée ! et quand il se pourra, prenons-y rang sur place pour mieux remercier et glorifier la Vierge, la Mère, la Reine uniques par qui et pour qui elles existent et se font sous la splendeur des cieux qui s'entr'ouvrent sur elles.

VII

> Je suis l'Immaculée-Conception.
>
> *(Seizième Apparition.)*

C'était le 25 mars, en la fête de l'Annonciation, jour illuminé des gloires d'une maternité sans égale et tout embaumé du parfum d'une virginité sans pareille.

Trois grandes semaines s'étaient écoulées depuis la dernière entrevue de la Vision et de la voyante.

Depuis le quatrième jour du mois, l'enfant se rendait à la grotte déjà ornée de fleurs, déjà embrasée de la flamme des cierges, déjà consacrée par les prières de la foule intuitivement prête à croire à la venue de la Mère de Dieu. Et elle y priait à deux genoux, égrenant toujours son chapelet.

Cependant, parce qu'elle y allait d'elle-même, sous la seule poussée de son cœur, elle n'escomptait pas une nouvelle Apparition.

Tout autre fut sa conviction quand, le 25 mars, une force invisible, et pourtant reconnue, l'entraîna à Massabielle.

Sans aucun doute, la Vierge l'y appelait.

Elle l'y devançait même, pour la première fois. Car, à distance, Bernadette vit *la Dame* qui l'attendait plus belle, plus souriante que jamais.

Confuse du retard, l'enfant s'en excusa avec un

naturel charmant que rehaussait la grâce. Et cela lui valut un sourire de plus.

Elle en fut enhardie et entra de nouveau, mais plus à fond, en colloque intime avec l'Apparition Mise en pleine confiance, elle se décida enfin à suivre le conseil du curé Peyramale et à mettre humblement Notre Dame en demeure de se nommer.

Elle dut le faire à trois reprises et — ô hardiesse à base d'inspiration divine ! — sa demande, qui eut d'abord l'accent d'une requête : « *Madame, voulez-vous avoir la bonté de me dire qui vous êtes* », revêtit en sa troisième expression le ton pressant d'un ordre : « *Madame, vous devez me dire qui vous êtes.* »

Les sourires se multipliaient, s'accentuaient sur les lèvres de Marie. Ils se chargèrent enfin à tel point de lumière et de joie que, manifestement, en passant par l'enfant ils s'adressaient au Dieu par le choix de qui la Vierge était de toute éternité, dans la pensée divine, ce qu'Elle était devenue dans la réalité de l'être, ce qu'Elle allait révéler à Bernadette extasiée.

Mais les sourires eux-mêmes finissent par se perdre dans l'infini de la Divinité. Ils cessèrent donc de fleurir sur la bouche de la Mère du Verbe incarné quand, détachant ses regards de Bernadette, Elle laissa glisser son chapelet de ses doigts sur le pli de son coude, Elle éleva simultanément la tête radieuse et, les mains jointes ensuite et allongées sur la poitrine, Elle scruta des yeux la profondeur du ciel comme pour en capter la gloire et la félicité et Elle dit :

« JE SUIS L'IMMACULÉE-CONCEPTION »

La dernière, mais la plus grande des paroles de Lourdes, — que dis-je ? car toutes les précédentes y tendaient comme les rayons d'un cercle à leur centre, — l'unique parole de Lourdes venait d'être prononcée.

Le cœur de ce mystère était découvert, palpitant.

Bien des choses restaient à expliquer, mais plus rien à apprendre.

Aussi, sans se départir de son attitude célestement extatique, silencieuse, le regard fixé là-haut, la Vierge de l'Immaculée-Conception disparut laissant à Bernadette, ainsi qu'on l'a écrit « *cette Image et ce Nom* ».

L'Image, la voyante essaya de la reproduire, animée, vivante quand elle s'efforça de reconstituer la scène indescriptible qu'elle avait contemplée et lorsqu'elle documenta par la pose et la parole, le statuaire de Notre Dame de Lourdes. Et telles furent la ligne de son geste et sa transfiguration qu'on s'écriait : « Elle a vu ! Elle a vu ce qu'elle rapporte ! Et c'est du pur divin ! »

Quand au nom, il n'était pas nouveau dans le langage chrétien. Il figurait, en substance, depuis quatre ans, au catalogue des dogmes définis.

Rendons-nous compte, pour le plus grand honneur de Notre Dame et pour notre plus ferme espoir de ce qu'il signifie :

1° *Dans son acception matérielle et extérieure.*

2° *Dans sa signification plus profonde et plus admirable.*

I

Bernadette avait si peu compris ces paroles : « *Je suis l'Immaculée-Conception* » qu'elle craignit de les oublier une fois la Vision évanouie.

Aussi, à son retour de la grotte, les répétait-elle sans discontinuer à la f[illegible]n d'un enfant chargé d'un message dont la for[illegible] risque d'autant plus de lui échapper qu'il n'en saisit pas le fond.

Et la pauvrette se dirigeait vers le presbytère en récitant, sans l'interrompre, ce chapelet nouveau style : *Je suis l'Immaculée-Conception. Je suis l'Immaculée-Conception...* », ses doigts égrenant sans doute, instinctivement, son chapelet.

Arrivée au but, elle fit entendre au bon curé ces paroles substantiellement identiques à l'Ave qui salue Marie pleine de grâce. Et le Prêtre les couronna par le traditionnel « Gloire au Père et au Fils et au Saint-Esprit ». Car, lui, il en comprit et pénétra le sens.

Sens complexe et d'abord matériel ou obvie.

De fait, en s'adressant ainsi à Bernadette : « *Je suis l'Immaculée-Conception* », Notre Dame de Lourdes apposait verbalement sa signature au bas de la définition récente du dogme promulgué par Pie IX, le 8 décembre 1854, et consacrant à nos yeux la pureté initiale absolue de son existence. Elle protestait qu'Elle avait été rachetée, non par délivrance, mais par préservation, de l'esclavage infernal auquel pas un membre de l'humanité n'échappe dès son entrée dans la vie. D'où le mot connu : « *qui nous engendre nous tue !* »

Par quelle tragique épreuve, en effet, dut passer notre race au début des âges !.

Incluse tout entière en notre père Adam, aussi réellement qu'un arbre à venir est contenu dans son germe, elle entra en conflit immédiat, en lutte directe avec ce qui allait la vaincre : le démon initiateur et première victime du mal.

L'issue du combat fut malheureuse.

Pauvre humanité ! la voilà donc corrompue dans sa source, viciée dans sa racine !

De sa source, elle sortira comme une onde trouble et malsaine.

De sa racine, elle naîtra sous la forme de branches vermoulues aux fleurs flétries, aux fruits véreux.

Pas une goutte d'eau pure ne passera dans le flot de ses générations successives !

Pas un rameau intact n'apparaîtra sur son tronc maudit !

Le mal, devenu presque à son origine, sa loi, marquera de son empreinte tous ses rejetons.

Et ce mot : *le Péché* avec, en dessous, la réalité de toutes ses souillures et de toutes ses hontes et le mérite de tous ses châtiments, s'imprimera au front et dans l'âme de tous ses fils et de toutes ses filles.

De toutes ses filles ?.. eh bien, non !

Car, à peine terminé le duel à mort engagé entre l'homme et Satan jaloux de prendre sur nous l'apparente revanche de son éternelle défaite ; avant même que la prophétie vengeresse de Dieu outragé ne retentisse sur la tête d'Adam coupable et sur sa future postérité : « *La terre sera maudite pour toi!* » (*Genes.*, III, 17), Dieu annonçait la lointaine et certaine venue d'une femme qui, indemne des contre-coups de ce désastre, écraserait du pied le serpent infernal. (*Genes.*, III, 15.)

Cette femme apparut un jour. Seule, dans la longue descendance d'Adam et, en préparation de la divine maternité à quoi Dieu la presdestina et par application anticipée des mérites du Rédempteur son Fils selon la chair, elle ne se courba pas originellement sous le joug non pas d'une responsabilité encourue qui ne saurait être nôtre, mais d'un état subi que pas un nouveau-né ne saurait éviter. Et, par privilège, pleine de grâce dès sa conception dans le sein de sa mère, elle fit passer en son premier souffle vital un cri de victoire.

Tel est le sens infailliblement défini par l'Eglise de la parole de Lourdes : *Je suis l'Immaculée Conception.* »

Mais n'en y aurait-il pas un autre plus caché, parce que plus profond, et impliquant, en plus de la négation absolue du péché originel en Marie, quelque chose d'intégralement positif sur quoi cette négation s'appuie comme sur un fondement et de quoi cette négation découle comme d'un principe et à la manière d'un effet sortant d'une cause ?

Il est permis de le croire. Sinon Notre Dame se fût peut-être exprimée de préférence, devant Bernadette, en ces termes : « *J'ai été conçue immaculée, sans tache* » au lieu de recourir à cette expression qui semble confondre sa personne avec l'acte vital qui la forma : « *Je suis l'Immaculée Conception.* »

Or, sur le terrain de ce mystère, qu'est-ce que la Très Sainte Vierge peut donc être dans une signification exlusivement positive de sa propre parole ?

Ceci : la Conception idéale de l'Eprit divin ou, ce qui revient au même, le chef-d'œuvre accompli du Dieu qui la conçut dans sa pensée puis la créa si pure, si sainte, si belle !

II

Quand nous nous trouvons en face d'un vrai chef-d'œuvre, ce cri d'admiration nous monte parfois aux lèvres : *quelle sublime conception !* Car le chef-d'œuvre d'un artiste, poëte ou musicien, peintre ou sculpteur, fut préalablement conçu par lui dans son esprit.

Aussi ne serait-ce point, de notre part, un simple jeu d'imagination que de prêter une voix aux œuvres d'art marquées au coin du génie et de leur faire dire : je suis le parfait idéal, la plus belle conception de l'ouvrier qui me créa avant tout dans sa pensée.

Or si, de siècle en siècle, quelques artistes de génie apparaissent comme de beaux astres au firmament terrestre du royaume de l'art, et si, une fois disparus, ils se survivent néanmoins et rayonnent encore dans la cadence d'un poëme ou le rythme d'une symphonie, sur la toile d'un tableau ou dans le marbre d'une statue, combien leur éclat pâlit devant cet éternel soleil, source première de toute beauté : Dieu !

Ah ! qui niera la puissance et la primauté artistiques de ce grand Dieu premier en tout, ou mieux, unique en tout !

Il en donna la mesure dans la Création. Car, s'Il n'y a pas épanché jusqu'à épuisement — chose irréalisable ! — l'infini de son Etre, Il y a révélé, avec la Divinité de sa nature, l'infinité de son savoir et de son pouvoir.

Oui ! quel artiste hors cadre que ce Dieu dont la main fit ruisseler sur notre tête la pluie d'or des étoiles et jeta sous nos pieds la semence des fleurs ! — Ce Dieu par qui chantent toutes les mélodies, s'accordent toutes les harmonies de l'univers et qui, réglant les concerts des abîmes, des plaines et des cimes dispense leurs voix, aux océans comme aux ruisseaux, aux fauves comme aux oiseaux, aux ouragans comme aux brises !

Quel ouvrier sans rival que ce Maître de l'éternité qui institua et consacra, dans le temps, la royauté de l'Homme, créature pétrie d'argile mais animée de son souffle, empreinte de sa ressemblance et en qui s'entrelacent la matière et l'esprit !

Ce divin et suprême artiste s'estima tel Lui-même. La preuve en fut que, son œuvre créatrice achevée, Il s'y complut.

Et Dieu estima que cet être était bon !... Et Dieu jugea bonne la chose qu'Il venait de créer ! C'est le refrain du récit biblique de la création (*Genes.*, I). Et le prophète s'en inspirait en disant que la splendeur de la terre et des cieux force l'admiration de l'enfance inconsciente elle-même et arrache la louange du Créateur aux lèvres encore humides de lait. *Ex ore lactentium !* (*Psal.*, VIII, 3.)

Pourtant, ce brillant univers où la variété jaillit de l'unité, où le gracieux s'unit au terrible et l'immense côtoie l'infiniment petit ; ce monde qui contient, au-dessus de la lourde sphère des corps, le royaume éthéré des âmes et les légions mieux qu'ailées des anges, est ce bien le chef-d'œuvre de Dieu ?

Non ! ce le fut d'abord, mais pour, presque aussitôt, cesser de l'être.

L'ange tomba. L'Homme prévariqua. Leur révolte vicia la matière elle-même susceptible de devenir, par notre faute, sinon un agent, du moins un instrument de péché.

Où donc, dès lors, trouver le chef-d'œuvre de Dieu ?

Il existe et même se dédouble.

Reconnaissons-le, admirons-le, adorons-le, au-dessus de la création tout entière, en l'Humanité sainte et vraiment créée de l'Homme Dieu, Jésus ! — contemplons-le et vénérons-le aussi au sommet de la création pure et simple, en l'humaine personne de la divine Mère de Dieu, la Vierge Marie.

Rien de mal, en effet, dans un réel chef-d'œuvre !

Or, le mal c'est l'ombre, puisque Satan qui en est la personnification est le « *prince des ténèbres* » (*Eph.*, VI, 12) ; — et Marie, selon l'image scripturaire, est revêtue de soleil (*Apoc.*, XII, 1).

Le mal, c'est le désespoir dans la haine, puisque l'Enfer « *le lieu où l'on n'aime pas* » (*Sainte Thérèse*) et d'où l'on ne sort plus, en est la consommation ; — et Marie scintille dans un ciel d'amour comme une étoile d'espérance.

Le mal, c'est la hideur dans l'impureté. Qui en doutera au spectacle de ses exhibitions antiques et modernes ? Et Marie est la plus chaste des beautés. Ni laideur, ni souillure en Elle. *Tota pulchra es et macula non est in te !* (*Cant.*, IV, 7.)

Le mal avilit, qui ne le voit ? — Et Marie *est*

exaltée au-dessus des chœurs angéliques (*Offic. Assumpt. B. M. V.*). Quel chrétien ne le croit ?

Le mal ronge comme une lèpre, corps et âme, le pécheur qui s'y livre. — Et Marie s'est dilatée dans le bien au point de pouvoir conserver — ô miracle !— dans sa personne et sa vie la majesté de la Mère et l'intégrité de la Vierge.

Le mal annihile la vertu et ses mérites. — Et Marie est *pleine de grâce* (Luc, I, 28).

Le mal enfin fait perdre aux hommes Dieu. — Et Marie le leur rend.

Aussi quelle beauté que celle de cette femme presque divinisée dont l'Eglise chante : *voici la fleur des champs et le lis de la vallée !* (*Cant.*, II, I.) *Les reines l'ont comblée de louanges* (*Cant.*, VI, 8). Elle est parée de broderies diverses et Elle *répand l'odeur d'un baume exquis.* (*Psal.*, XLIV, 10) (*Cant.*, IV, II.)

Et ne serait-ce pas pour symboliser sa splendeur que de la roche Massabielle, sous son pied virginal jaillit une source ? Miracle dont notre cœur doit devenir le théâtre en lui empruntant, dans l'imitation de ses vertus, la limpidité de son âme.

Mais qui donc affranchit d'avance, à ce point, totalement la Vierge Marie des atteintes du mal et de ses tyrannies ?

Qui accumula en Elle, grâces sur grâces, gloires sur gloires ?

Bref qui la conçut d'abord, la créa ensuite si belle ?

Dieu seul ! l'Artiste suprême !

Ses desseins éternels sur Elle dirigèrent en Elle la touche de son doigt créateur.

Si bien que la conception de Marie dans le sein de sainte Anne, puis sa naissance, puis les phases de son existence terrestre et, enfin, sa céleste glorification ne furent que les réalisations successives du plan divin qui la visait et que le détail du chef-d'œuvre d'ensemble que le Créateur et Sanctificateur des âmes projeta d'accomplir en Elle.

Sublime projet certes ! grâce à lui, tandis que la nature humaine se trouvait restaurée dans l'Homme Dieu unique Rédempteur du monde en qui ne peut exister qu'une seule personne nécessairement divine, la réhabilitation de la personnalité humaine s'accomplissait en la Mère de Dieu. Et c'est ce qui fait d'Elle l'Immaculée Conception de l'esprit de Dieu.

L'Immaculée-Conception ! nous croyons donc que vous l'êtes, ô Notre Dame ! Et votre propre parole, scrutée jusques aux moelles, nous apprend que vous ne l'êtes pas uniquement parce que vous avez été conçue immaculée dans le sein de votre mère, mais bien que vous avez été conçue immaculée dans le sein de votre mère parce que vous fûtes, dans une antécédence éternelle et par les mérites du Verbe fait chair, l'idéal le plus grandiose, la plus pure des conceptions de Dieu résolu à créer un jour en vous sa propre Mère.

Cette éternelle Conception de Marie au sein de l'Intelligence divine, cette prédestination supérieure à des grâces et des gloires majeures, sont la substance même de la Parole de Lourdes : « *Je suis l'Immaculée-Conception.* ».

Ne serait-ce pas l'intuition de l'ampleur d'un pareil mystère qui fit s'emplir de larmes les yeux de l'Evêque de Tarbes, quand Bernadette, citée devant la commission ecclésiastique qu'il présidait un jour, lui rapporta avec regards et gestes à l'appui, les mots par lesquels la Dame cessant d'être mystérieuse se présenta nommément à l'univers croyant?

Ah ! bienheureuse la pauvre petite fille des montagnes, l'humble et très ignorante pastourelle pyrénéenne qui fut la confidente de cet ineffable aveu : *Je suis l'Immaculée-Conception !*

Et bienheureux nous-mêmes d'en avoir entendu et compris dans le fidèle écho le sens complet !

Si Bernadette ne nous révéla point certains secrets de Lourdes à jamais enfouis avec elle au tombeau, elle nous a dit, néanmoins, le tout de la Vierge de Lourdes, le principe par quoi s'expliquent sa beauté, sa grandeur, sa bonté, sa puissance, sa gloire.

Elle nous a fait entrevoir la radieuse image par elle contemplée, saisir le nom ineffable par elle entendu en un coin privilégié de France où s'immortalisa son humble nom à elle.

Je suis l'Immaculée-Conception ! Il nous est indiciblement doux et réconfortant de répéter ces paroles en pleine connaissance de cause. Car elles portraiturent et identifient pleinement la Dame des Apparitions.

Elles élargissent même le cadre du mystère par nous scruté en ces lignes au point de nous y laisser prendre une place et trouver un profit si réels que nous pouvons entretenir l'espérance et poursuivre l'ambition de dire de nous-mêmes *non pas ici-bas mais Là-Haut* : Je suis l'Immaculée-Conception de Dieu.

L'Immaculée-Conception de Dieu ! nous le serons, en effet, en ce sens qu'ayant pris rang parmi les Elus du Paradis, à jamais sanctifiés et pour toujours impeccables dans notre âme glorifiée et notre corps ressuscité, nous serons les chefs-d'œuvre de sa pensée, de son amour, les vivantes et éternelles merveilles de sa grâce.

Oh ! même au ciel, aucune comparaison ne nous deviendra possible entre la personne et la terrestre vie de la Vierge immaculée et toujours pleine de grâce et notre propre personne et notre mortelle existence initialement souillées par la faute originelle et dont nos péchés actuels ou individuels n'auront que trop augmenté la misère, créé et aggravé la responsabilité, entaché la conscience.

Mais ce triste et coupable état de péché aura alors sombré dans le gouffre d'un passé absolu. Il n'en remontera plus et ne passera pas, pour nous y rejoindre le seuil, de notre Eternité bienheureuse et glorieuse.

Eussions-nous dû préalablement, avant de sortir du cadre périssable du temps, bénéficier des plus amples purifications morales, des plus larges pardons, nous serons et resterons sans cesse totalement affranchis de *la servitude corruptrice du mal* (*Rom.*, VIII, 21). Et, selon le vœu de saint Paul, devenus, grâce à Dieu, « *saints et immaculés en sa présence* » (*Ephes.*, I, 4), nous le demeurerons dans les siècles des siècles.

Puissent le tendre amour et la prière puissante de Notre Dame de Lourdes, Immaculée Conception sans égale, nous aider à nous modeler sur Elle pour obtenir dans cette gloire sans déclin cette félicité plénière !

Dans les communs et miséricordieux desseins de Dieu et de sa Mère, le fait divin et permanent de Lourdes, les Apparitions qui le créèrent, les célestes paroles qui l'expliquent, les bienfaits spirituels et les miracles qui le perpétuent, ne doivent pas, en ce qui nous concerne, concourir à une autre fin.

Imposible à nous d'en imaginer d'en poursuivre d'en atteindre une plus radieuse et plus heureuse !

CONCLUSION

LE SYMBOLISME DU CIERGE DE BERNADETTE

> Mon cœur est devenu semblable à de la cire fondant à la flamme.
>
> (*Psalm.*, XXI, 15.)

Les choses matérielles de Lourdes elles-mêmes nous instruisent et nous émeuvent.

Il en est ainsi surtout du cierge bénit que Bernadette prit en main dès la quatrième Apparition. Il exerça sur nous un réel et fécond apostolat.

Ce cierge plut à Marie. La preuve en est qu'un jour la vision pria la voyante de le laisser se consumer à la grotte redevenue déserte.

Pourquoi ? parce qu'il était représentatif de l'angélique et très croyante et très aimante enfant et qu'il en interprétait les sentiments

1° *Par la nature et l'aspect de sa cire.*

2° *Par la clarté et l'ardeur de sa flamme.*

Nous gagnerons à saisir sur le vif cet exact et gracieux symbolisme. Car il nous aidera à nous mettre, avant de fermer ce livre, lu et médité aux pieds de Notre Dame, dans les dispositions et les résolutions d'esprit et de cœur que nous prescrivent et nous facilitent, au cours des pages précédentes l'idéale contemplation de la personne et des gestes et l'authentique audition des paroles de la Vierge de Lourdes.

Nulle autre conclusion ne saurait nous être meilleure précisément parce qu'elle nous vise et nous touche directement et que, tout dessein de vil utilitarisme écarté, les plus hautes considérations d'ordre surnaturel elles-mêmes doivent nous acheminer, chrétiennement parlant, à un but et à des profits pratiques.

I

De ce que les anciens, dans leur cosmogonie simpliste, appelaient les quatre éléments constitutifs du monde matériel, trois jouèrent devant nous leur rôle et tinrent leur langage symbolique dans les chapitres qui précèdent.

L'Immaculée nous est apparue dans *l'Air* transparent et bleu illuminé, mieux que par le soleil, par ses regards et ses sourires.

La Terre rocailleuse a reçu, à nos regards, l'empreinte de ses pieds. Et elle garde encore ce vestige sacré.

L'Eau a jailli sur son indication impérative et sous les doigts dociles de Bernadette.

Et voici que pour finir s'impose à notre vue un quatrième élément que l'Air, la Terre et l'Eau nommeraient : « *Notre frère,* LE FEU » si l'ineffable saint François d'Assise leur prêtait son âme et son langage.

Un cierge, en effet, béni entre tous les cierges comme la Vierge Marie l'est entre toutes les femmes et Bernadette l'est entre toutes les voyantes, un cierge se vit souvent dans le cadre des Apparitions. Il mariait sa blancheur à l'azur du ciel. Et sa cire d'abord nous instruit et nous exhorte par sa nature et son aspect.

De fait, quoi de plus pur dans son apprêt et dans son apparence que la cire d'un cierge saint !

En premier lieu, sa matière première s'extrait de ce qui a un minimum de contact avec la terre : les fleurs.

Que la terre soit la mère-nourrice des fleurs ; qu'elle les enfante et les alimente ; qu'elle serve de support à leur éclosion et à leur épanouissement, rien de plus évident !

Pourtant, il y a toujours entre la terre et les fleurs qui en naissent et en vivent cet intermédiaire forcé, cet agent tout ensemble de liaison et d'isolement : la tige.

O délicat et pudique mystère ! Filles sensitives du sol les fleurs ne se nourrissent qu'à distance des sucs que la terre leur prépare dans son sein. D'y tomber, les livre à bref délai à la flétrissure, leur mort.

Or, c'est à l'intime des fleurs que s'élabore et se condense ce qui, par extraction et préparation, devient de la cire.

Un ouvrier, aussi habile en ses procédés que fin dans ses goûts, puise, là, cette matière première de cire pour, après, la travailler et lui donner, sinon l'être, du moins le mieux'être.

Il porte un nom évocateur de vie surtout aérienne : l'abeille que, seul, un accident rapidement mortel peut fixer au sol ; l'abeille dont l'activité se dépense soit au niveau mouvant des fleurs qu'elle butine, soit au niveau des ruches — vrais palais puisqu'il y a une reine — où elle fait tournoyer le mouvement et ronfler le bruit d'une usine.

Il est vrai ! la cire n'est pas le meilleur du labeur de l'abeille. Mais quelle blancheur et, par conséquent, quelle beauté elle revêt sitôt qu'on la traite en vue de son utilisation sacrée !

On sait comment les ciriers procèdent en cela. Ils s'en rapportent simplement au soleil, ce magicien

.... Sans qui les choses
Ne seraient que ce qu'elles sont.

Edmond ROSTAND.

Avec sa couleur jaune sale, la cire est exposée aux rayons solaires. Et ceux-ci, par leur triple influence lumineuse, calorique et chimique la blanchissent aussi bien que, dans les nuages gris du ciel hivernal, la fée des airs blanchit la neige prête à tomber.

Immaculée dans son aspect, la cire est alors dans un état assez décent pour être façonnée en des cierges dignes de tenir une place dans les temples et de jouer un rôle dans les rites de notre religion sainte.

Osera-t-on penser qu'ainsi, un cierge liturgique symbolise notre âme telle qu'elle doit être et paraître aux yeux de Dieu ?

Ce symbolisme se justifie.

Evidemment, il ne saurait être question d'une matière première concourant initialement à la formation de notre âme.

Sans être un pur esprit — sa naturelle union avec

notre corps s'y oppose — elle est tout esprit, rien qu'esprit. Et son origine est mieux qu'aérienne : céleste !

Reconnaissons en elle une œuvre de facture exclusivement divine nous commandant la fierté dans l'humilité.

Le souffle du créateur la créa. Il s'exerça sur elle d'infiniment plus haut que le niveau où les rayons du soleil embellissent les fleurs, où les brises du ciel les caressent et sa rosée les baigne.

Elle est une de ces âmes humaines à qui les pères et les mères de ce monde ne donnent pas l'existence mais offrent l'occasion d'exister.

Elle vit sur la terre sans y toucher. Elle en est isolée par le corps qu'elle anime, qui lui sert de support et, en un sens, de tige. Car, s'il ne l'a pas enfantée, il la contient, il la porte.

Dès lors, venant de Dieu, il faut qu'elle soit à Dieu.

Vivant par Dieu, il faut qu'elle vive pour Dieu.

Dieu nous la prêta plutôt qu'Il ne nous la donna. Il faut que nous la lui restituions.

En quel état ?

Si nous le demandons au premier cierge bénit venu, il prend une voix et répond : Ame chrétienne, pour te donner à Dieu, sois avant tout très pure ! Emprunte à ma cire sa blancheur !

Si nous interrogeons le cierge privilégié que Bernadette présentait à Notre Dame de Lourdes, ce cierge symbolique s'anime et parle ainsi : Pour mieux te donner à Dieu passe d'abord par la divine Vierge ! Mère du Christ et dispensatrice de ses grâces, Elle est, en union avec son Fils, la *voie vraie et vivante* (*Eccli.*, XXIV, 25), la route que le soleil éclaire et que des lis parsèment menant au royaume des cieux. *Ad Jesum per Mariam !* Marie conduit à Jésus aussi directement, aussi sûrement que Jésus à son Père.

Voilà l'enseignement premier, également concis et précis du cierge de Bernadette.

Avec les infaillibles intuitions que, dans le bienfait primordial de la foi, le privilège exceptionnel des Apparitions mariales lui donnait, l'enfant saisissait le symbolisme, entendait la prédication de son cierge et la faisait sienne.

Aussi Notre Dame de Lourdes se complut-elle dans la vue et l'offrande de ce cierge dont la flamme si claire, si ardente, si alerte accroissait ses complaisances et nous donna d'autres leçons.

II

Un cierge est un tout presque vivant.

Ce n'est pas de l'imagination pure que de prêter à *son corps* de soi inerte *une âme* qui l'anime.

Son corps n'est autre que la masse oblongue de cire qui le constitue matériellement et se présente à nos regards sous un blanc aspect.

Son âme, c'est sa flamme ! Car il paraît vivre aussitôt qu'elle brille et se meut et mourir dès qu'elle s'éteint.

Oh ! la flamme des cierges !

On lui appliquerait justement les paroles sacrées portraiturant l'éternelle Sagesse : « *C'est le souffle de la puissance de Dieu ; la pure émanation de sa gloire ; le reflet de son activité. Etant unique, elle peut tout. Et, restant la même, elle renouvelle, en les purifiant, toutes choses* (*Sagesse*, VII, 25, 27).

Quelle subtilité que celle de cette flamme ! Jusqu'où n'atteint-elle pas l'être qu'elle environne ?

Et quel pouvoir ! que ne dévore-t-elle pas de ce qu'elle atteint ?

Et puis, c'est une flamme parlante : voyez ses vibrations plus perceptibles que celle de l'air battu par nos paroles !

Et c'est une flamme priante ! Voyez sa forme identique à celle des doigts qui, pieusement, se joignent et, hardiment, pointent vers le ciel comme pour ouvrir la voie à nos requêtes afin que, d'un sûr élan, elles parviennent à Dieu.

Ce ne sont point là, pourtant, les qualités maîtresses de la flamme des cierges saints. Deux autres les dépassent en excellence et en symbolisme. Elles conviennent on ne peut mieux à notre âme avec ses deux fonctions principales de connaissance et d'amour. Car cette flamme s'impose à notre attention et nous commande de nous mettre à son école — l'élève devant dépasser le maître — par sa discrète clarté et son ardeur rayonnante.

La flamme des cierges est discrètement lumineuse. Elle illumine à la façon du flambeau de la Foi, source, argument des certitudes les plus inébranlables (*Hebr.* XI, 1).

Mais elle n'éclaire pas au point de dissiper l'ombre où nécessairement la foi s'exerce, grâce aux inévidences que la foi, argument convaincant des *réalités non apparentes* (d°) implique, non certes en ses motifs mais oui bien dans son objet. Car la foi est la vertu par laquelle nous croyons à ce que nous ne voyons pas et ce parce que nous voyons qu'il faut y croire.

C'est la lueur qui pénètre, sans les scruter à fond, *les profondeurs de Dieu* (*I, Cor.*, II, 10) et qui, sans nous donner de voir, nous fait tout savoir.

Eclairons-nous donc du symbolisme inhérent à la flamme des cierges pour affirmer nos surnaturelles croyances et nous y affermir.

Voici mieux.

Accentuant ce symbolisme où passe une de ces innombrables grâces actuelles que Dieu nous envoie pour nous déterminer à agir conformément à notre foi, la flamme des cierges n'exerce pas seulement un apostolat de lumière ou, ce qui revient au même, de vérité.

Elle se fait encore, « *aux yeux illuminés de notre cœur* » (*Eph.*, I, 18) et, par eux, dans notre cœur lui-même, ouvrière d'ardeur, autrement dit apôtre d'amour.

Elle brille pour embraser. Elle embrase pour créer ! Il s'y mêle un effluve presque sacramentel de l'Esprit créateur vivificateur, sanctificateur que nous implorons dans cette hymne : *Veni Creator Spiritus... accende lumen sensibus... infunde amorem cordibus... fons vivus, ignis, caritas !*

Par sa clarté, elle prescrit et facilite la foi.

Par sa chaleur, elle prescrit et facilite l'amour.

Par son essor, elle prescrit et facilite le goût et la recherche *des choses d'En-Haut* (*Coloss.*, III, 1, 2) et ces aspirations *au Royaume de Dieu*, — le ciel — *et à sa justice* — la grâce qui le mérite (MATTH., VI, 33) qui tirent après elles l'âme qui les éprouve.

Admirable symbolisme, efficace apostolat de lumière et d'ardeur, de foi, d'amour, d'action et de ce qui les consomme : la sainteté.

Et c'est le symbolisme, l'apostolat de la flamme des cierges.

Il convenait, dès lors, qu'un cierge bénit se dressât, brillât, brûlât dans le cadre à la fois terrestre et céleste des Apparitions de Lourdes.

Dieu avait décrété que tout serait progressif en ces épiphanies de la Vierge. Aussi, par inspiration secrète sans doute, Bernadette ne se munit d'un cierge qu'au jour de la quatrième Apparition.

C'était intuitivement pour une fin ou dans un but complexes.

Tout d'abord, très convaincue par les usages de l'Eglise que la présence et la pieuse combustion d'un cierge se justifient devant la statue matérielle et sur l'autel de la Mère de Dieu, elle ne voulait pas que le vivant Modèle fût moins honoré que l'image inanimée et muette, ni la Reine du ciel moins que son trône terrestre.

Puis, sous la poussée de cet instinct supérieur et infaillible, le sens chrétien, elle entendait confondre en un seul faisceau les clartés et les ardeurs de son cierge et celles de son âme si parfaitement croyante et aimante, pour en faire hommage à Celle de qui il est écrit qu'Elle est « *bienheureuse d'avoir cru* » (Luc, I, 45) et que l'Eglise appelle *la Mère de la belle Dilection : Mater pulchrae dilectionis.*

Par ce geste, Bernadette disait à la Vision souriante et, par moments émue : Daignez accepter ce cierge ! il symbolise, par sa blancheur, la pureté des âmes fidèles ; par sa clarté, leur foi vive ; par son ardeur, leur amour. Il me semble donc, en vous l'offrant être moins indigne de votre visite, mieux croire à votre présence et vous aimer davantage.

De plus, aux témoins angoissés des extases de la voyante, son cierge disait à son tour, par le frémissement de sa flamme : que votre âme participe à ma lumière, à ma chaleur, à mes essors pour mieux aller à la Vierge invisible et présente dans les élans combinés de la foi et de l'amour !

Et, de cet ensemble de symboles et de réalités, de cette douce et forte communion des personnes et des choses, Notre Dame de Lourdes s'affirmait heureuse par un évident miracle.

Un jour, en résultante des deux mouvements contraires de la main de Bernadette, glissant insensiblement jusqu'au bout de son cierge, et de la cire qui fondait, la flamme se joua, un quart d'heure durant, entre les doigts devenus insensibles de l'enfant extasiée.

La Vision virginale s'évanouit.

L'humble fillette des Soubirous redescendit sur terre. Pendant le prodige, aucune sensation de brûlure à sa main ; aucune trace après !

Quelqu'un voulut faire la contre-épreuve du miracle accompli. On approcha, en cachette, des mêmes doigts, la même flamme du même cierge. Et ce cri spontané de la nature redevenue sensible confirma le prodige de la grâce : « *Oh ! vous me brûlez !* »

Ce fut le dernier enseignement du cierge de Bernadette. Il est trop divin en lui-même, trop probant quant au fait de Lourdes pour que, concluant sur son évocation, nous n'en fassions pas à notre âme cette ultime application.

Pour nous consacrer à Marie et, par Elle, à Jésus transformons notre âme en un cierge vivant !

Elle ne sera jamais plus à l'abri de l'ardeur des passions mauvaises et des flammes de l'Enfer que lorsque très pure en soi, très éclairée dans sa foi, très activement vertueuse, elle sera tout environnée, intimement pénétrée par ce feu qui dévore et, cependant, fait vivre : l'indivisible Amour du Christ et de sa Mère.

Sollicitons, conservons, exploitons saintement la grâce douce et forte de ce divin Amour. Et, afin que le sceau s'en imprime en nous, que tout ce que nous croyons et espérons de Notre Dame de Lourdes après la lecture de ces pages écrites à sa gloire, s'affirme en cette prière finale :

Très Sainte Vierge de Lourdes, *Pleine de grâce*, écoutez avec bienveillance ceux qui, pèlerinant ici en esprit à votre sanctuaire pyrénéen, vous louent et vous implorent.

Fleur des champs divins, Lis des Vallées célestes, Rose Mystique du Paradis, vous êtes toute belle ! Fleurissez notre âme des grâces de Jésus, embaumez-la de son parfum !

Vous êtes toute Mère ! Faites de nous et pour toujours de vrais enfants de Dieu.

Vous êtes toute Reine ! Maintenez-nous dociles et confiants sous le sceptre béni, sous le joug suave et léger du divin Roi des rois.

Vous êtes *terrible comme une armée en bataille !* Aidez-nous à soutenir et à repousser victorieusement les assauts diaboliques de *celui qui tente* (MATH., IV, 3).

C'est pour nous défendre, c'est pour nous sauver

que vous êtes réapparue en ce monde. Exercez pour cela, s'il le faut, votre don des miracles !

Vous êtes *la Porte du Ciel !* ouvrez-la-nous d'avance.

Et quand l'heure du grand départ sonnera pour nous, que votre invisible présence nous protège et que votre rayon, *Etoile du matin* de notre éternité, oriente vers le port du salut, notre définitive envolée.

Vous êtes *notre Avocate !* ah ! que votre parole plaide et gagne notre cause au tribunal de Dieu !

Vous êtes la *Reine de la Paix !* Assurez-nous à tous, ô Notre Dame de Lourdes, en nous transmettant les pardons et les dons du Sauveur, et conservez-nous, ici-bas, la paix dans le labeur et, Là-Haut, le repos triomphal dans la Paix !

FIN

TABLE DES MATIÈRES

Pages

II

III

LES PAROLES DE L'APPARITION

CONCLUSION

IMP. P. TÉQUI, 94, RUE DE VAUGIRARD, PARIS-VI°.

Abbé ARNAUD D'AGNEL

ARNAUD D'AGNEL (Abbé) et **D'ESPINEY** (Dr). — **Direction de Conscience. Psychothérapie des troubles nerveux.** In-12. 4e édit. 15 fr.; franco 17 fr.; étranger.................. 19 »
Ce livre est pour tous ceux qui, malades du système nerveux, ou moralement atteints, désirent recouvrer la santé, ou qui, bien portants veulent développer leurs facultés. Ce programme exigeant l'expérience de l'âme humaine ne pouvait être réalisé, que par la collaboration du prêtre et du médecin.

— **Psychologie et Psychothérapie éducatives.** In-12 de 608 pages. 15 francs ; franco 16 fr. 50 ; étranger........... 19 »
Livre à tous points de vue remarquable. Véritable mine où l'on trouve les conclusions de tout ce qui a été pensée sur l'éducation.

ARNAUD D'AGNEL (Abbé). — **Saint Vincent de Paul, « Directeur de Conscience ».** 1 vol. 10 fr.; fro 11 fr. étr. 12 50
Les confesseurs, supérieurs, maîtres et maîtresses de novices, les parents eux-mêmse tireront un réel profit à la lecture de livre où l'auteur nous montre en saint Vincent un véritable artiste dans l'art difficile de la direction des âmes.

— **Saint Vincent de Paul, guide du prêtre.** In-12. 10 francs ; franco 11 fr.; étranger 12 50
Il faut souhaiter que ces deux ouvrages incomparables (nous pesons (l'éloge) viennent aux mains de milliers de prêtres, et qu'ils soient traduits en diverses langues. Car ils couronnent l'édition magistrale des « Œuvres de saint Vincent de Paul », par M. Costes.

Méditations sur Sainte Thérèse de l'Enfant Jésus, dans la famille. In-32 de 480 pages. 10 fr.; franco 11 fr.; étranger. 12 50

— **Saint Vincent de Paul, guide d'oraison.** In-12. 10 francs; franco 11 fr.; étranger................................. 12 50

En préparation :

— **Le Scrupule. Comment le guérir ? Comment le prévenir ?** In-12. 10 fr.; franco 11 fr.; étranger....................... 12 50

GRIMES (Abbé). — **Traité des scrupules** ; instructions pour éclairer et guérir les personnes scrupuleuses, 3 francs ; franco 3 fr. 60 ; étranger .... 4 »
Traité complet sur la matière. Il renferme en substance tout ce qui a été dit par les maîtres de la vie spirituelle sur cette angoissante maladie. L'on ne saurait douter qu'il ne soit très utile aux directeurs des âmes et aux scrupuleux.

CHANOINE E. DUPLESSY

Les Dominicales. 3 in-12. 11° mille ; 30 francs ; franco 33 fr., étranger .... 42 »
Chaque volume : 10 fr.; franco 11 fr.; étranger........ 14 »

Le Pain des Petits, explication dialoguée du Catéchisme. Tome I : Le symbole des Apôtres ; tome II : Les commandements ; tome III : Les Sacrements. 9° mille. 3 vol. in-12. 21 fr.; franco 22 fr. 50 ; étranger........................ 24 »

Le Pain Evangélique, explication dialoguée des Evangiles. 5° mille. Tome I : De l'Avent au Carême. Tome II : Du Carême à la Saint-Pierre, et tome III : De la Saint-Pierre à l'Avent, 21 fr.; franco 22 fr. 50; étranger.............. 24 »

Allocutions Matrimoniales. 2° mille. In-12. 10 fr.; franco 11 fr.; étranger 12 50

Le Catéchisme vécu à Lourdes, lectures pour le mois de Marie et le mois du saint Rosaire avec le récit quotidien d'une guérison attribuée à Notre-Dame de Lourdes, par le Dr Marchand, avec Lettre-préface de Mgr Schœpfer, 2° mille. In-12. 7 fr.; franco 7 fr. 75; étranger.......................... 9 »

Histoires de Catéchisme. — Tome I : Les vérités à croire. — Tome II : Les Devoirs à pratiquer. — Tome III : les Moyens de Sanctification. 4° mille. Prix de chaque volume : 8 fr.; franco 9 fr.; étranger .... 10 »

Retraite de Première Communion solennelle. In-12. 2° édition Prix : 10 fr.: franco 11 fr.; étranger.......... .... 12 50

Le Catéchisme en problèmes. Cours moyen. Catéchisme de Communion solennelle, avec Lettre de S. E. le Cardinal Dubois, 3e mille. In-12. 9 fr.; franco 10 fr.; étranger...... 12 »

Livre du Maître. 9 fr.; franco 10 fr.; étranger............ 12 »

Les 2 volumes cartonnés, chacun 10 50; franco 11 25; étr. 13 »

Résumés de Catéchismes, extrait du Catéchisme en Problèmes. In-8. 1 fr. 50; franco 1 fr. 75; étranger.................. 2 25

En préparation, *Après la Communion solennelle.* In-12. 9 fr.; franco 10 fr.; étranger .... 12 »

Sermons de Carême. Le Prédicateur. Carême 1904. Nouvelle édition. In-12. 5 fr.; franco 6 fr.; étranger.............. 6 50

Les Idées de Matutinaud. 11° édit. In-12. 5 fr.; franco 5 fr. 75; étranger .... 7 »

Les Cousins de Matutinaud. 9° mille. In-12. 5 fr.; franco 5 75; étranger .... 7 »

Les Frères de Matutinaud. In-12. 5 fr.; franco 5 75; étrang. 7 »

Les Neveux de Matutinaud. 5° mille. In-12. 5 fr.; franco 5 75; étranger .... 7 »

Matutinaud lit la Bible. In-12. 5 fr.; franco 5 75; étrang. 7 »

Les Amis de Matutinaud. In-12. 5 fr.; franco 5 75; étrang. 7 »

Benoît XV et la Guerre. In-12. 2 fr. 50; franco 3 fr.; étr. 4 »

Journal apologétique de la Guerre. 2° mille. In-12. 10 francs ; franco 11 fr.; étranger 12 50

Dictées d'un Instituteur, 0 fr. 50; franco 0 fr. 65; étranger 0 90

R. P. W. FABER

Docteur en théologie, Supérieur de l'Oratoire de Londres

Bethléem ou le *Mystère de la Sainte Enfance.* 7° édit. 2 in-12. 16 fr.; franco, 18 fr.; étranger.......................... 20 »

Le Précieux Sang ou le Prix de notre Salut. 9° édit. 9 fr.; franco, 10 fr.; étranger 12 50

Conférences spirituelles. 5° édit., In-12. 9 fr.; franco, 10 fr.; étranger 12 50

La Bonté (extrait des Conférences). In-12. 2 fr.; franco, 2 30 ; étranger .... 3 »

Le Progrès de l'Ame dans la Vie spirituelle. 7° édit. In-12. 9 fr.; franco, 10 fr.; étranger 12 50

Le Pied de la Croix, ou les Douleurs de Marie. 7° édit. In-12. 9 fr.; franco, 10 fr.; étranger.......................... 12 50

Le Saint-Sacrement, ou les œuvres de Dieu. 9° édit. 2 in-12. 16 fr.; franco, 18 fr.; étranger.......................... 20 »

Tout pour Jésus, ou les voies faciles de l'amour divin, 15° édit. In-12. 9 fr.; franco, 10 fr.; étranger...................... 12 50

Le Purgatoire (extrait de *Tout pour Jésus*). In-12. 2 francs ; franco, 2 fr. 30 ; étranger............................ 3 »

Le Créateur et la Créature, ou les merveilles de l'amour divin, 17° édit. In-12. 9 fr.; franco, 10 fr.; étranger.... 12 50

Œuvres du P. Faber : abrégé textuel et méthodique en 191 lectures ou méditations par l'abbé J. Jaud.

Tome I ; Tout pour Jésus, Progrès de l'Ame. Très Saint Sacrement. In-12. 10 fr.; franco, 11 fr. 50 ; étranger.... 13 »

Tome II : Créateur et Créature, Pied de la Croix, Conférences spirituelles, 10 fr.; franco, 11 fr. 50; étranger........ 13 »

Tome : Précieux sang, Bethléem. Prix ; In-12. 10 francs. franco, 11 fr. 50; étranger .... 13 »

Mgr GIBIER

Evêque de Versailles.

Les Temps nouveaux, 1914-1918. In-12, 10 fr.; franco 11 fr.; étranger 12 50

Paroles écrites au souffle des grands événements qui ont secoué le monde. Elles respirent le zèle le plus pur et le patriotisme le plus élevé.

Le Relèvement national. In-12. 10 fr.; franco 11 fr.; étr. 12 50

Deux parties : ceux qui ne peuvent pas nous relever : les aveugles, les négateurs, les sceptiques, les sectaires, les arrivistes, les jouisseurs, les corrupteurs, le utopistes, etc...; ceux qui nous relèveront : nos morts, les saints, les convaincus, les laborieux, les organisateurs, etc...

Les Reconstructions nécessaires. In-12. Prix : 10 fr.; franco 11 fr.; étranger 12 50

Quel plan magnifique que celui de cet ouvrage ! Pour en faire l'éloge il suffit d'en indiquer les grandes lignes : les âmes, la famille, l'école, la profession, la paroisse, la cité, l'humanité. On devine les développements que peut donner l'évêque de Versailles sur de pareils sujets.

Le Règne de la Conscience. In-12. 10 fr. franco 11 fr.; étranger 12 50

Cet ouvrage sera beaucoup lu et beaucoup utilisé par les prêtres qui y trouveront des matériaux de premier ordre. Les cercles d'études pourraient aussi l'exploiter avec avantage.

Le Salut par l'Elite. In-12. 10 fr.; franco 11 fr.; étranger. 12 50

Grand sujet, largement traité, où nous n'avons à vanter ni l'éminente autorité personnelle, ni la doctrine de l'auteur. C'est par l'élite dans la nation, dans la paroisse, dans la jeunesse que tout ce qui semble périr peut être sauvé. Mais encore faut-il l'aider et la former, le vouloir et d'abord le savoir.

La Famille. In-12. 10 fr.; franco 11 fr.; étranger........ 12 50

Deux parties dans ce volume : 1° avoir une famille ; 2° bien l'élever. Ce sont là des questions d'une actualité poignante, et on saura gré au vaillant évêque de les avoir traitées avec son courage et sa compétence ordinaires.

Religion, Edition in-12, 10 fr.; franco 11 fr.; étranger. 12 50

Patrie, 4ᵉ édit., in-12, 10 fr.; franco 11 fr.; étranger.... 12 50

La France Catholique Organisée, in-12. 10 fr.; franco 11 fr.; étranger 12 50

Ouvrages de M. l'abbé GRIMAUD

Futurs Epoux, 13° édit. in-12, VI-312 p., couronné par l'Académie Française. Prix : 9 fr.; franco 10 fr.; étranger.... 11 »

Le but de cet ouvrage adressé « aux grands jeunes gens » est de les prémunir contre les périls de « l'âge des tempêtes » et de leur faire envisager chrétiennement les grands devoirs de la vie conjugale : ni imprécision, ni réticence. L'auteur sait à la fois ce qu'il faut dire et comment le dire. Il a écrit sur ce sujet le livre le meilleur et le plus pratique que nous connaissons.

Futures Epouses, 12° édit. in-12, VI-326 p., prix : 9 fr.; franco 10 fr.; étranger .... 11 »

Nous n'hésitons pas à dire que l'auteur s'est encore surpassé. Psychologie très sûre, sens profond de la vie chrétienne, tact parfait dans l'examen des problèmes les plus délicats, tous ces mérites font de son livre le code de la prudence chrétienne dans l'éducation des jeunes filles... Qu'elles aillent donc s'instruire à cette école de doctrine et de vie chrétienne.

L'Epouse, attrait du Foyer, 5° édit. in-12, VIII-310 p., prix : 9 fr.; franco 10 fr.; étranger.............................. 11 »

Voilà un ouvrage qui ne fera qu'augmenter la réputation de son auteur. Il nous a été un enchantement de clarté, de vérité, de haute psychologie. Style simple, net, précis, qui traduit des pensées justes, frappantes et, — ce que nous, Belges, apprécions le plus — pratiques... Nous voudrions voir cet ouvrage entre les mains de toutes les épouses, de toutes les épouses, de tous les prêtres ayant charge d'âmes, et spécialement des directeurs de Congrégations de la T. S. V., ou de réunions de Mères chrétiennes. Ils y puiseront amples matières d'allocutions variées, instructives, piquantes et... pratiques.

Défendons-nous contre l'Invasion des Idées laïques, 3° édition. in-12. 216 pages. Prix : 8 fr.; franco 9 fr.; étranger.... 10 »

Sauvons nos Ames malgré l'invasion des idées laïques, 3° édit. in-12. 302 pages. Prix 8 fr.; franco 9 fr.; étranger.... 10 »

Aux Fidèles « Ma » Messe, in-12. 9 fr.; franco 10 fr.; étr. 11 »

Futurs Prêtres. 1 vol. in-12, VI-330 p., 6° édit. Prix : 8 francs ; franco 9 fr.; étranger.............................. 10 »

Je viens de lire presque d'un trait votre nouveau livre. C'est très beau et très bon. Je vous en félicite cordialement..., Je voudrais voir vos *Futurs Prêtres* aux mains de tous ceux qui ont à cultiver les vocations ecclésiastiques, soit dans les presbytères, soit dans les collèges, soit dans les Petits-Séminaires. Quel bien il y ferait ! Aussi je vais m'efforcer de le répandre autour de moi.

Prêtre ?.. Pourquoi pas ?.., 3° édit. Prix : 4 fr.; franco 4 fr. 50 ; étranger .... 5 »

Charmant ouvrage de propagande pour répandre à profusion, sous forme d'histoires vécues, précédées d'un aperçu doctrinal et suivies d'une courte morale, les idées concernant le sacerdoce. — A distribuer largement aux acolytes, enfants du catéchisme, des écoles et patronages.

R. P. HUGON, O. P.

Recteur du Collège Angélique à Rome.

La Causalité instrumentale en théologie. Nouvelle édition, 7 fr, 50 ; franco 8 fr, 50 ; étranger...................... 9 50

Sept chapitres composent cet ouvrage : 1° Théorie thomiste de l'instrument; 2° la causalité instrumentale dans l'inspiration scripturaire; 3° Causalité instrumentale de l'humanité sainte de Jésus; 4° Causalité instrumentale des sacrements; 5° Causalité instrumentale dans les miracles; 6° Causalité instrumentale de la Très Sainte Vierge; 7° Conclusion.

Réponses Théologiques à quelques questions d'actualité : La Notion de Hiérarchie dans l'Eglise de Jésus-Christ. — Analyse de l'Acte de Foi. — Foi et Révélation. — Les Concepts Dogmatiques. — L'Etat des âmes séparées, 4° édit, 7 fr, 50 ; franco 8 fr. 25; étranger.............................. 9 50

Hors de l'Eglise point de Salut. 4° édit, 10 fr,; franco 11 fr,; étranger, 4° édition 12 50

Le Mystère de la Très Sainte Trinité. 5° édit. 10 fr.; franco 11 fr.; étranger.. 12 50

Le Mystère de l'Incarnation. 4° édition. In-12. 10 fr.; franco 11 fr.; étranger.. 12 50

Le Mystère de la Rédemption. In-12. 4° édit. 10 fr.; franco 11 fr.; étranger.. 12 50

La Sainte Eucharistie. 6° édition. In-12. 10 fr.; franco 11 fr.; étranger 12 50

A ses précédents ouvrages sur la Trinité, l'Incarnation, la Rédemption, l'auteur ajoute ce nouveau traité, avec la même compétence, la même sûreté de doctrine; à la fois didactique et affective, sa belle étude trouvera le même accueil empressé que ses devancières.

Les Dominicaines de Pellevoisin. In-12. Prix : 1 fr. 50; franco 1 fr. 65; étranger.. 1 90

Etudes sociales et psychologiques, ascétiques et mystiques. — La vraie Société des Nations. — L'union des Eglises. — Les maladies de la volonté. — La psychologie de la conversion. — Les vertus actives et les vertus passives. — La profession religieuse et les œuvres. — La mystique de saint Thomas d'Aquin. — In-12. 7 fr.; franco 8 fr. 25; étranger.................. 9 »

Les 24 thèses Thomistes, Avec une lettre de Benoît XV, 4° édit. — In-12. 10 fr.; franco 11 fr.; étranger.................. 12 50

Le nouveau Droit canon ne conseille plus seulement l'étude de saint Thomas, mais en fait une loi (Can. 1366) et ses sources signalent le décret de la S. C. approuvant les 24 Thèses comme « pronunticta majora S. Th. ». Elles représentent donc bien la « doctrine » et les « principes » que Pie X prescrit de suivre religieusement, « sancte teneant ». L'étude de l'auteur se ramène aux quatre points : Ontologie de S. Th.; Cosmologie; Biologie et Psychologie; Théodicée.

Le Cœur Eucharistique, nouvelle édition de l'opuscule du P. Lepidi, Maître du Sacré Palais, Prix : 2 fr,, franco 2 25 ; étranger 2 50

Monseigneur LELONG

Le saint Prêtre. Conférences sur les vertus sacerdotales. 2° éd. in-12, 418 pages. Prix : 10 fr.; franco 11 fr.; étranger. 12 50

Cet ouvrage est un cours magistral de vie sacerdotale, un vrai trésor.. une mine que les saints prêtres aimeront à exploiter. Le prêtre est, par état, placé sur le chandelier, Sa vie n'a pas besoin d'être cachée. Ici, elle est montrée au grand jour : à cela, il n'y a qu'à gagner, et pour lui-même et pour les autres.

La Sainte Religieuse. Instructions sur les Grandeurs et les Obligations de la vie religieuse. 12° édit., 1928. In-12. 10 fr.; franco 11 fr.; étranger 12 50

Tout ce qu'a composé Mgr Lelong se distingue par la solidité théologique, l'onction pieuse, la clarté, le sens pratique et la belle forme classique. Ces qualités se retrouvent à un haut degré dans ce volume. Tout y est instructif, intéressant, édifiant. On lit surtout avec charme ce qui concerne : le renouvellement spirituel, l'estime, l'utilité, le bonheur, la sainteté de la vie religieuse ; l'amour de la congrégation, de la règle, de la souffrance, du silence, etc.

De plus, une table détaillée très complète met sous les yeux du lecteur, en quelques lignes, le plan complet de chaque instruction.

Catéchisme de la Vie religieuse, 3° édit., adapté au nouveau Code. In-32. Prix : 3 fr.; franco 3 fr. 25; étranger...... 4 »

Mgr l'Evêque de Nevers écrit : « Le « Catéchisme de la vie religieuse » me semble être un modèle du genre... Ces pages se recommandent de toute l'autorité de leur auteur. Nous pensons qu'elles sont appelées à faire beaucoup de bien et que ce petit livre est tout indiqué pour devenir le manuel pratique des noviciats. »

Catecismo de la vida Religiosa, version espanola de la III° édicion francesa,revisada y corregida conforme al nuevo codigo de derecho canonico por el Rdo P. D. Aug. Rojo del Pozo, O. S. B., precio 2 pesetas franco 2 pesetas 50.

Plans d'Instructions pour le diocèse de Nevers. 11° mille. In-12. de xiv-455 pages. Prix : 10 fr.; franco 11 fr.; étranger. 12 50

Le diocèse de Nevers possédait un recueil de plans d'instructions élaborés sous la direction de Mgr Lelong, et dont la réputation s'était étendue au delà des frontières du Nivernais. C'est une œuvre extrêmement pratique, avec des références précieuses aux orateurs et prédicateurs les plus connus. En fait de recueils de plans, nous ne connaissons rien de mieux. C'est une œuvre impersonnelle, et par là même plus sûrement dégagée de toute préoccupation humaine et plus exclusivement attentive au souci d'instruire et d'édifier.

Ces plans sont répartis sur cinq années :

1re année : 36 plans sur les articles du Symbole ;
2° année : 36 plans sur la Grâce, la Prière, les Sacrements ;
3° année : 36 plans sur le Décalogue ;
4° année : 36 plans sur les Fêtes de l'année ;
5° année : 52 plans sur les Evangiles du dimanche.

DOCTEUR MARCHAND

Président du Bureau des Constatations médicales de Lourdes.

Les Faits de Lourdes et le Bureau des Constatations médicales. 2° édition. In-12. Prix : 7 fr.; franco 8 fr.; étranger.... 9 »

Sous une forme pittoresque et vivante, le Docteur Marchand présente la quintessence de ce que contiennent les ouvrages plus volumineux du Dr Boissarie et de l'abbé Bertrin. Il ouvre les portes du Bureau des Constatations; il fait défiler devant nous quelques-uns des malades dont la guérison a été particulièrement surprenante; il communique les pièces du dossier médical les concernant ; il montre la conscience, la bonne foi, l'esprit scientifique qui président aux enquêtes et aux discussions, comme à la rédaction des procès-verbaux; les garanties qu'offre la participation, aux travaux du Bureau, d'un grand nombre de médecins qui lui sont étrangers et dont beaucoup sont loin d'être disposés en faveur du surnaturel.

Trente Guérisons enregistrées au Bureau médical (1919-1922). Avec le portrait des miraculés. Préface de René Gaël. 4° édit. In-12. 10 fr.; franco 10 fr. 75; étranger........ 11 50

Les *Trente guérisons* que présente feu le Président du *Bureau médical* n'ont rien à voir avec la fantaisie ou le sentiment : elles sont prises sur le vif et pour ainsi parler, *photographiées* dans leur impressionnante vérité scientifique.

Toutes portent la marque d'une authenticité indiscutable parce que toutes sont revêtues du témoignage de nombreux médecins qui furent appelés à les passer au crible de la plus sévère critique.

Ce livre est donc le plus beau et le plus utile « document humain » qui se puisse trouver. Les esprits les plus exigeants y trouveront de quoi satisfaire leur sens critique et les âmes y puiseront, avec un puissant réconfort pour leur foi, le plus sûr moyen de défendre et de proclamer une vérité qui leur est chère.

Nouvelle série de guérisons enregistrées au Bureau médical (1922-1925), 2° édit., in-12, 12 fr.; franco 13 fr.; étranger. 14 50

Etude critique des principales guérisons opérées à Lourdes de 1923 à 1925. Œuvre apologétique de première valeur. Photographies des miraculés.

DUPLESSY (Chanoine). — *Le Catéchisme vécu à Lourdes.* Lectures pour chaque jour du mois de Marie et du mois du saint Rosaire, — avec la collaboration du Dr A. MARCHAND, président du bureau des constatations médicales, pour le récit quotidien d'une guérison attribuée à Notre-Dame de Lourdes. — Lettre-préface de S. G. Mgr Schœpfer, évêque de Tarbes et de Lourdes. In-12, 3° mille. Prix : 7 fr.; franco 7 fr. 75; étranger .... 9 »

A Lourdes comme en Galilée, c'est Jésus-Christ qui agit directement, qui « fait le catéchisme », et qui confirme sa doctrine par des miracles.

ABBÉ L. ROUZIC

Aumônier de la Rue des Postes.

Le Renouveau catholique (Les Jeunes avant la guerre). In-12. 10 fr.; franco 11 fr.; étranger........................... 12 50

Les Jeunes pendant la Guerre. In-12. 10 fr.; fr° 11 fr. étr. 12 50

Douleur et résignation. 10 fr.; franco 11 fr.; étranger.. 12 50

Lettres à un Prisonnier. 2e édit. In-12. 5 fr.; fr° 6 50; étr. 7 »

Le Prix des larmes (A ceux qui pleurent). In-12. 10 francs ; franco 11 fr.; étranger 12 50

Le Purgatoire. (Pour nos morts et avec nos morts). 3e édit. In-12. 10 fr.; franco 11 fr. 50 ; étranger................ 12 50

Tombé au Champ d'Honneur. Le lieutenant aviateur Anthelme Martin de Gibergues, 1889-1917, sa vie et ses lettres. In-12. 6 fr. 50 ; franco 7 fr. 25 ; étranger...................... 8 »

La Famille et l'Amitié au Ciel. In-12. 5 fr.; fr° 5 50; étr. 7 »

La Mère. In-32. 5 fr.; franco 5 fr. 50 ; étranger.......... 6 25

Le Père. In-32. 5 fr.; franco 5 fr. 50 ; étranger.......... 6 25

La Maison. In-32. 5 fr.; franco 5 fr. 50 ; étranger........ 6 25

La Famille. In-32. 5 fr.; franco 5 fr. 50; étranger........ 6 25

En Vacances 5 fr.; franco 5 fr. 50; étranger.............. 6 25

Les Saints Ordres, doctrine et actions. In-12. 12 fr.; franco 13 fr.; étranger 14 50

Sur les pas de saint Louis de Gonzague. In-12. 5 fr.; franco 5 fr. 75 ; étranger 6 50

BORDEDEBAT (Abbé P.). — **Les apparitions de Notre-Dame de Lourdes et la société contemporaine.** In-12. 6 fr.; franco 6 75; étranger .... 8 »

N'avait-on pas tout dit de Lourdes? Eh non, puisque ce livre nous donne encore du nouveau. Il fait ressortir les enseignements théologiques, apologétiques et moraux que renferment les divers épisodes des apparitions, et cela en un style simple et attachant. Livre à recommander. — « La Réponse. »

BOLSIUS (R. P.), S. J. — **Pierre de Rudder et son récent historien.** In-12. 3 fr.; franco 3 fr. 50; étranger.............. 4 »

D'un genre de polémique qui rappelle « Le 13e Apôtre » d'Henri Lasserre en réponse à Renan, cette brochure d'un jésuite hollandais n'a peut-être pas ce tour primesautier que nous aimons en France, mais — ce qui vaut mieux — elle est une solide riposte aux ennemis forcenés du miracle.

CAER. — Un Ex-Voto à Notre-Dame de Lourdes. 4e édition. 10 fr.; franco 11 fr.; étranger.............................. 12 50

C'est l'histoire intime et authentique d'une guérison obtenue dans la grotte de la Vierge miraculeuse de Lourdes.

JOLY (G.), chevalier de la Légion d'honneur, croix de guerre. — **Notre-Dame de Lourdes et la Grande Guerre.** In-12- 3 fr. 50 franco 4 50

Œuvre d'un officier décoré pour faits de guerre, montre Marie, Reine de France, veillant sur notre patrie et la conduisant, à travers de mystérieuses coïncidences, au salut et à la victoire.

GAELL (René). — **Les Grandes guérisons de Lourdes. Celle qui ressuscita.** 7e mille. In-12. 5 fr.; franco 6 fr.; étranger 8 »

Prodigieuse guérison historique, étudiée dans ses moindres détails tour à tour émouvants et tragiques, font de ce récit plus attrayant que le plus palpitant des romans, un ouvrage que tous les pèlerins doivent connaître.

EMMERICH (C.) — **Vie de la Sainte Vierge**, d'après ses révélations. In-12. 7 fr.; franco 8 fr.; étranger.............. 10 »

Dans ce livre surprenant, les âmes ferventes trouveront un aliment à leur piété et un encouragement aux vertus les plus austères.

GARRIGUET (Abbé). — **La Vierge Marie, sa prédestination, sa dignité, ses privilèges, son rôle, ses vertus, ses mérites, sa gloire, son intercession, son culte.** In-8° de 476 pages. 13 fr.; franco 14 fr. 50; étranger .... 18 »

C'est un Manuel complet, extrêmement clair et méthodique, qui pourra contribuer dans les séminaires, en vue desquels il a été surtout écrit, dans les communautés religieuses et même dans les paroisses, à mieux faire aimer la Sainte Vierge en la faisant connaître davantage. Il constitue une très riche mine pour les prédicateurs. En réduisant au plus strict minimum le prix du volume, on a voulu le mettre à la portée de tous.

BODY (R. P.). — *Un Compagnon du R. P. Lacordaire*. Vie du R. P. Potton, dominicain. In-8. 3e édition, 10 francs; franco 12 fr. 50; étranger .... 15 »
Cette vie fait passer sous les yeux du lecteur une partie notable de l'histoire dominicaine pendant la seconde moitié du dix-neuvième siècle.

HEBERT (R. P.). — *Sous le joug des Césars*. Conférences aux étudiantes. In-12. 10 fr.; franco 11 fr.; étranger........ 12 50
Tableau très vivant de l'Histoire du Christianisme durant la longue période des persécutions (IIe et IIIe siècles).

JEUNE (M. R.). — *Une Mystique dominicaine, la Vénérable Mère Agnès de Langeac*. In-12. 8 fr.; franco 9 fr.; étr. 10 »
L'auteur montre dans la Vénérable Agnès de Langeac, l'inspiratrice de M. Olier. Il décrit dans cet ouvrage l'épanouissement d'une âme que Dieu a conduite par des voies extraordinaires et merveilleuses.

LIBERCIER (R. P.). — *Education des jeunes Filles par les Religieuses enseignantes*. In-12. 8 fr.; franco 9 fr.; étr. 12 50
1° « Vie religieuse et enseignante ». Choix des rapports avec les enfants, etc. — 2° « Education, enseignement, pédagogie » : principes généraux et applications particulières aux diverses catégories d'enfants et aux divers moments de leur vie.

— *L'éducation des jeunes filles*. Instructions, avis, conseils, d'après Mme de Maintenon. In-12 cartonné. 10 fr.; franco 11 fr.; étranger 12 50

LAVY (R. P.). — *Conférences sur la Théologie de saint Thomas d'Aquin*. 3 in-12. 30 fr.; franco 33 fr.; étranger.......... 37 »
Dans ces cinquante conférences sont traitées toutes les questions et objections modernes sur l'origine du monde, de l'ange et de l'homme.

MAINAGE (R. P.). — *Immortalité*, entretiens sur le problème de la survivance. In-12. 10 fr.; franco 11 fr.; étranger. 12 50
Œuvre de pensée vigoureuse et entraînante qui s'adresse aux âmes troublées, aux croyants, aux apologistes.

— *Lettres d'un Bleuet, Henry Canoville*, aspirant d'artillerie. In-12 de XXX-456 p.; 10 fr.; franco 11 fr.; étranger...... 12 50
Pages pleines de suave poésie, débordantes de tendresse, imprégnées du sens des choses divine, où l'esprit surnaturel coule à pleins bords; à mettre entre les mains de tous nos écoliers.

MOTHON (R. P.). — *Vie du Bienheureux Jourdain de Saxe*. In-12. 10 fr.; franco 11 fr.; étranger.................... 12 50
Successeur de saint Dominique, le « très doux Père » a été l'organisateur de son Ordre. « Ce n'est pas seulement, écrivait Mgr Besson à l'auteur, dans vos couvents qu'on fera la bonne et fortifiante lecture de sa « Vie »; le clergé séculier, les hommes du monde voudront la goûter aussi. Chacun y trouvera intérêt et édification.

RAMBAUD (R. P.). — *Saint Dominique*, sa vie, son âme, son ordre. In-12 illustré. 12 fr.; franco 13 fr.; étranger.... 14 50
Vie essentiellement pratique et instructive qui offre en même temps au lecteur de sérieux aperçus sur l'esprit dominicain et esquisse la fécondité dominicaine à travers les âges.

www.ingramcontent.com/pod-product-compliance
Ingram Content Group UK Ltd.
Pitfield, Milton Keynes, MK11 3LW, UK
UKHW022053260726
13993UKWH00001B/85